Canyin Dajuezhan

餐饮大决战

刘凯歌　宋　凯　著

企业管理出版社
ENTERPRISE MANAGEMENT PUBLISHING HOUSE

图书在版编目（CIP）数据

餐饮大决战 / 刘凯歌，宋凯著. -- 北京 : 企业管理出版社, 2022.12

ISBN 978-7-5164-2720-0

Ⅰ. ①餐… Ⅱ. ①刘… ②宋… Ⅲ. ①饮食业—经营管理—中国 Ⅳ. ①F726.93

中国版本图书馆CIP数据核字(2022)第173625号

书　　名：餐饮大决战
书　　号：ISBN 978-7-5164-2720-0
作　　者：刘凯歌　宋　凯
选题策划：周灵均
责任编辑：张　羿　周灵均
出版发行：企业管理出版社
经　　销：新华书店
地　　址：北京市海淀区紫竹院南路17号　　邮　　编：100048
网　　址：http://www.emph.cn　　电子信箱：26814134@qq.com
电　　话：编辑部（010）68456991　　发行部（010）68701816
印　　刷：北京博海升彩色印刷有限公司
版　　次：2022年12月第1版
印　　次：2022年12月第1次印刷
开　　本：710mm×1000mm　1/16
印　　张：15
字　　数：200千字
定　　价：68.00元

企业家推荐

2015年我和凯歌老师相识于清华大学EMBA餐饮班。凯歌老师作为特劳特战略定位的实践者和研究者，他通过课程为1000多家餐饮企业做战略咨询辅导，为其顺利发展提供了巨大的帮助。合作6年来，我被凯歌老师丰富的实践经验和犀利的定位视角所折服，也为他严谨求实的工作作风和沉稳冷静的风度所感染。欣闻凯歌老师和宋凯老师合著《餐饮大决战》一书，将他们多年的研修成果和实践案例收录其中，以供餐饮企业学习和借鉴。甚是欢喜，特此推荐。

——解家河南菜董事长　**解忠杰**

首先祝贺凯歌老师和宋凯老师的作品面世，这无疑是对餐饮行业很有益的一件事情。绿岛阳光餐饮（桂小厨）处于发展的重要阶段，在凯中凯战略定位咨询公司的帮助下，明确了自己旗下品牌的定位，实现了企业发展战略的聚焦和组织的变革。“选择比努力更重要”“哪些事是不要去做的”，绿岛阳光餐饮（桂小厨）明确了定位，做出各种配称的规划和设计，我们对于企业的发展方向更加清晰和坚定！凯中凯战略定位咨询公司深耕餐饮行业，对行业和企业发展所起的作用不容忽视。餐饮企业的确需要更多的专业机构赋能，相信《餐饮大决战》能够给餐饮企业以更多的启发，也能够帮助到大家！

——广西绿岛阳光餐饮（桂小厨）董事长　**覃蕾霏**

我们和凯中凯战略定位咨询公司合作已经3年了，最大的变化就是战略上锁定广东炖汤品类，长期聚焦炖汤，筑高了“护城河”。在凯中凯战略定位咨询公司的建议下，尚一汤升级了Logo和Slogan，让品牌变得年轻化、有活力。尚一汤的品牌认知更为清晰，品牌势能大幅提升，很多商场邀请我们进驻。我们在上海、南京、杭州开设的门店都做得很成功，线上、线下均获得较高的客户评价。短短几年间，我们的门店数量从7家增加到17家。感谢凯中凯战略定位咨询公司一路护航，特此推荐这本餐饮定位专著《餐饮大决战》。

——尚一汤广东炖汤董事长　**陈鹏飞**

从接触定位理论到具体实践，滨河集团通过坚定执行凯中凯战略定位咨询公司提供的战略定位方案，成功扭转了竞争中的被动局面，并实现了业绩翻倍增长。在竞争异常激烈的今天，确立一个“优势”位置显得异常重要。有了明确的方向，企业才能不再迷茫，才能做到“会取舍、敢投入、有结果”。非常感谢凯中凯战略定位咨询公司，多年合作，感受到他们的专业性之强和实践水平之高。特此推荐《餐饮大决战》一书，希望更多的企业能有所收益！

——甘肃滨河集团总裁　**许文亮**

推荐序一

桂桂茶（改名前为桂源铺）2011年创立于上海，至今已经营了整整11年。这11年的时间可以分为“7+4”两个阶段：2011—2018年这7年，我们开创了港式奶茶这个细分品类，并成为这个品类的头部品牌；2018—2022年，历时4年，我们实现了品牌转型的“凤凰涅槃”。然而，在成为细分品类的头部品牌的同时，我们深刻体会到两个重大的危机：第一，港式奶茶作为一个细分品类，总体容量有限，即使排名第一，也无法开出很多门店，即做不到我们目标的营业收入规模；第二，港式奶茶并不在现制茶饮的演化趋势上。

现制茶饮在中国经过二十几年的发展，历经产品时代（又称粉末街头时代）、品牌时代（又称连锁化区域化时代），到2018年已经明显迭代至新茶饮时代。新茶饮时代的一个重要标志，就是品牌和品牌之间不再按照产品分类，而是以价格带作为分类标准。同一价格带的品牌在产品部分趋于同质化，必须以独特的价值主张来承接全品类、全时段的产品菜单。是时，港式奶茶作为市场占有率较小的细分品类，最先感受到市场迭代的压力。实际上，台式奶茶也不在演化趋势上，但当时台式奶茶占有主要的市场份额，在2018年感受还不明显，在4年后的今天，台式奶茶也开始面临港式奶茶2018年一样的转型压力。

在以港式奶茶作为品牌定位的7年，桂桂茶的核心产品是丝袜奶茶、冻柠茶、鸡蛋仔，这些产品背后承接的品类价值是“特色、传统、香港文化”，品牌从创立之初就以这些关键词为价值主张，并延伸渗透到我们经营的方方面面。在洞察用户和市场的变化之后，我们下决心全面转型，并不惜以停止短期增长为代价。（2018年桂桂茶宣布停止加盟模式，全面转型直营模式，新开直营店、回购加盟店，以增强在转型过程中的渠道掌控力和门店落地能力。）

从港式奶茶到底转型成什么，在当时团队内部有很多不同的声音。回望2018年，在现制茶饮市场剧烈变动的时期，市场的底层逻辑还未像今天这样清晰，到底是开大店还是开小店，是做水果茶还是做奶盖茶，是下沉市场还是聚焦上海区域？在这个关键时期，我们选择与专业的定位机构——凯中凯战略定位咨询公司合作，一起研判市场趋势，聆听用户的声音，对企业的经营状况进行全方位的诊断。

我们分析了桂桂茶品牌在过去7年经营期间积累的所有用户评价，访谈了每天和顾客面对面沟通并交付产品的门店店长，倾听了长期以来与品牌共同发展的忠诚员工、中层干部和高层决策者的真实想法，进行了街头调研和定向问卷调查，走访了现制茶饮市场成熟的重点城市，研究了现制饮品发展更早的中国台湾及日本市场，以及参照对标现制茶饮的瓶装饮料市场的迭代规律，最终才确定以“清爽型茶饮”作为桂桂茶新的战略定位方向。

我们得出结论：首先，“清爽”是饮品发展的趋势。饮料的本质是一杯有味道的水，水的首要特性就是清爽解渴，只有清爽解渴，才能带动消费者高频消费。在瓶装饮料市场，从营养快线到元气森林的演变路径就可以说明这个趋势。如今在中国台湾、日本瓶装饮料市场中越来越多的纯茶产品也可以说明这一点。其次，“清爽”刚好是桂桂茶的基因和用户心智。在桂桂茶过去7年的发展中，我们打造了“冻柠茶”这一爆款产品。在区域市场，冻柠茶等于桂桂茶，而冻柠茶主要的产品属性就是“清爽、解渴、不甜腻”，其中“清爽”也是所有用户对桂桂茶的评价中出现频率最高的一个词。基于这两点，我们坚定了由“港式奶茶”转型到“清爽型茶饮”的决心，并开启了为期4年的中长期品牌转型计划，逐步在产品、设计、运营等各方面配称资源上强力落地。

如今，通过4年的艰苦转型，桂桂茶已经在用户体验、单店模型、品牌认知上全面完成预定目标，即将进入快速增长的第二曲线。我们从过去一个细分品类的小众品牌回到了主赛道，并且带着全新的增长逻辑和品牌势能进入新的发展阶段。品牌的塑造是一个长期的过程，在这个漫长的过程中，一定要运用科学的方法进行经营管理，以期达到最大的经营效率。

适逢凯中凯战略定位咨询公司推出这本专门针对餐饮行业的定位书籍，在此真诚地推荐给各位餐饮同人及有意进入餐饮行业的朋友们。餐饮行业门槛低、链条长、壁垒高，塑造一个可持续增长、能穿越周期的品牌非常不容易，选择凯中凯战略定位咨询公司，让我们科学做品牌，少走冤枉路。

桂桂茶茶饮创始人&CEO　**郑志禹**

2022年8月于上海

推荐序二

我第一次接触《定位》这本书和这门课程是在2007年，在清华大学的一个教室里，一家公司正在介绍和推广这门课程，听了一个多小时，脑海中有了这样一个印象——定位。

2014年，在我担任丰茂烤串总经理期间，因缘巧合，因为丰茂烤串品牌升级的需要，在清华大学“定位”课堂上第一次见到了刘凯歌老师。凯歌老师给我的第一印象就是帅气、儒雅，年龄不大，但是知识很丰富，看问题有独到的见解，表达言简意赅。认识宋凯老师是在2017年，宋凯老师给我的第一印象是话语不多，但是文字语言功底非常扎实。很高兴看到两位老师为中国餐饮人写出理论与实践相结合的好书——《餐饮大决战》，我拿到书稿后，利用几天时间看完并做了重点标注，受益匪浅。

借这个机会，我把和两位老师合作并学习“定位”的切身体会，和朋友们做一个交流。

第一，中国餐饮发展到今天，需要将品牌定位作为战略抓手，明确告诉员工、顾客、同行、竞争对手、媒体等，你是什么，你有什么不同，怎么证明你不同，这是“一把手”工程，别人无法代替。

第二，在合作期间，我阅读了《定位》《商战》《简单的力量》《2小时品牌素养》等书籍，对定位有了一定的认知，并通过企业实践，将理论和实践像拧麻花一样联系起来，并不断强化这种认知。事实上，系统的理论知识加上老师的指导，落实起来速度更快。

第三，要相信专业的力量。2015年与凯歌老师正式合作，按照老师的指导，不断优化升级品牌定位和品牌配称，最终实现营业收入大幅提升，丰茂烤串成为烤串领域的头部品牌。

第四，品牌定位的第一传播对象不是顾客，而是员工。为什么？一方面，员工既是品牌的形象大使，又是品牌传播的载体；另一方面，只有员工相信自己的品牌定位，才能更好地向其他群体进行传播。

第五，品牌定位绝不是简单的几句话，而是一个系统工程，需要持续地投入人力、物力和财力。丰茂烤串的创始人、董事长尹龙哲先生不遗余力的支持和投入，是成功的关键。

新冠肺炎疫情是一个分水岭，促使餐饮行业发生巨大变化，使得餐饮品类、品牌的进化速度越来越快。疫情后一大批头部企业进行品牌升级，一些新兴品牌门店一面市就与众不同，这些都值得我们不断学习、不断思考，同时也要求我们在品牌定位上不断精进。中国餐饮人是一个伟大的群体，我们生活在一个伟大的时代，时代给予我们更大的挑战，也给予我们更多的机会，中国餐饮人应为中国餐饮业的发展做出更大贡献。

感谢凯歌老师、宋凯老师给我这样一个机会，把这本凝聚了两位老师辛勤汗水的《餐饮大决战》推荐给餐饮业的朋友和同行们，相信一定会对您和您的企业有很大的帮助，谢谢！

比萨玛尚诺总裁兼首席运营官　**王东生**

2022年8月于上海

自序

学习和实践特劳特定位理论10年来，我们咨询服务的客户以餐饮业居多。可喜的是，越来越多的中国餐饮人开始学习定位，其中一部分人是满腔热忱。身边的很多餐饮企业家表示，定位给了他们很多启发和帮助，但同时也反映阅读定位系列书籍有两个困惑：一是书中很多地方不是那么容易理解；二是书中的大部分案例和中国餐饮关联度不高，不能很好地拿来印证自身的实践，普遍存在“一学就会，一用就错”的现象。

上述情况很正常，定位系列图书很多是译本，仅通过阅读很难通透理解背后的真义。我们从这种现状中得到启发：如果有一本餐饮战略定位的专著，是不是就可以让中国餐饮人更轻松地学习定位，更有针对性地指导企业的实践？

国内国外都有不少关于定位的著作，对定位理论做出了很大贡献。然而，关于中国餐饮方面的战略定位专著却很鲜见。基于这种情况，我们就有了出一本中国餐饮战略定位专著的动力。不敢言称这本《餐饮大决战》对定位理论有多大贡献，只求为中国餐饮人提供一些借鉴。

本书不过多地阐述定位理论，更注重结合中国餐饮的实际情况谈论具体定位方法。主要内容包括中国餐饮的历史机遇、中国餐饮的战略机会、餐饮定位的基本原理、餐饮定位的工作方法、餐饮定位的战术与战略，以及我们服务的部分餐饮定位案例解读等方面。

10余年来，我们的餐饮客户更多一点，为了更好地服务餐饮客户，我们针对餐饮行业做了大量的思考和研究，积累了很多餐饮定位咨询经验，也形成了一套餐饮定位咨询的工作方法和工具。因此，相较于其他行业，我们更擅长餐饮定位咨询。希望通过本书，将我们多年学习定位的心得和餐饮定位的咨询经验分享给更多中国餐饮人。我们还希望以书为媒，寻求有远大理想的餐饮企业家，共同推动中国餐饮的发展，打造餐饮行业典范，缔造世界级餐饮品牌。

新冠肺炎疫情下，企业面临重大考验。餐饮业正是受疫情影响最大的行业之一，很多餐饮企业因此陷入困境，甚至倒闭；但我们仍然坚信中国餐饮的潜力巨大，比很多人想象得还要大。我们期待更多的定位同人、有识之士关注中国餐饮，为中国餐饮注入新生力量。

谨以此书致敬辛勤奋斗的中国餐饮人！

刘凯歌　宋　凯

2022年8月

目录

CANYIN
DAJUEZHAN

第一部分

01

背景篇

第1章　中国餐饮的历史责任

如果说“消费”是拉动中国经济增长的“三驾马车”之一，那么餐饮行业可能就是“消费”这驾马车的那匹“马”。马车能跑多快，能跑多远，去向何方，都和马有很大关联。

餐饮之重：事关国计民生

中国不仅有五千年的漫长历史以及960万平方千米的辽阔疆域，还有56个团结一致的民族。时间和空间的巨大纵深，多民族的历史交融，造就了博大精深的中华文明，而饮食文化从来都是其中不可分割的重要组成部分。

中华礼仪之邦，从原始部落时期到封建时代，再到近现代，饮食文化始终与国家礼制、邦交礼仪密不可分。“治大国，若烹小鲜”，老子在《道德经》中甚至以烹调饮食来阐释治国之道。“民以食为天”，在中国人的生活中，逢年过节、婚丧嫁娶及日常社交都与饮食息息相关。对于百姓来说，饮食就是头等大事。

如今，中国餐饮对国计民生具有四重重大责任和意义：第一，随着中国城市化进程加快，人们的工作、生活节奏加快，在外就餐的人越来越多，频次越来越高，餐饮业对人们的生活愈加重要，承担着9亿多城镇人口的吃饭问题；第二，餐饮业已成为中国经济增长的重要引擎，并且其收入增速连续数年超过GDP增速；第三，餐饮业关联着农业、制造业、服务业等众多相关行业，带动诸多行业发展；第四，餐饮业每年都带来巨量的就业机会，从而让很多人获得一份稳定的收入，也让很多人由此致富。

餐饮之重，事关国计民生。餐饮业的每一步前进，都是利国利民的。因此，中国餐饮人每经营好一个餐饮品牌，经营好一家餐厅，都意义重大。餐饮之重，还不止于此。从更长远、更宏大的层面来看，餐饮业甚至事关民族复兴。

餐饮之重：事关民族复兴

在当前全球经济增速放缓的大趋势下，欧美、日韩等发达地区增长乏力，中国则迎来了伟大复兴的历史机遇。随着“供给侧改革”“一带一路”倡议等的持续推进，中国对内优化产业结构，对外开拓新经济增长点。纵观近现代史，每一个国家的全球化进程，都离不开文化的护航，而餐饮文化在其中扮演着重要角色。

美国的可乐、汉堡、炸鸡，法国的红酒、牛排大餐，日本、韩国的料理等，无一不承载着这些国家的文化。中餐及中国的丝绸、瓷器、茶叶、白酒、中医药、书法、国画等诸多中国独具的文化遗产，在国际上早已声名远播，这些具备认知基础的“心智资源”，都承载着传播中国经济文化的历史使命。以中餐厅为载体，可以更充分地展示中国文化，也是中国人民与世界各国人民交流的天然场所。全球的中餐厅越多，世界了解中国、走近中国的机会就越多。全球各地的华人如果能随时随地找到中国餐厅，宴请外国朋友体验中餐，一定可以促进相互了解，增进彼此友谊。中国餐饮走向全球，将有助于提升中国影响力，推动中国全球化进程。这在一定程度上表明，中国餐饮全球化就是中国的全球化。

进一步来讲，具有东方文化色彩的中餐，将为世界各国人民提供与众不同的、丰富多彩的饮食体验，对于整个人类社会都是一种巨大的贡献。

因此，无论国计民生，还是民族复兴，都赋予了中国餐饮重大的历史责任。时代的需要，也是中国餐饮的机遇。每个餐饮企业，无论大小，都将有机会乘风破浪，走向远方。

本章小结

民以食为天

餐饮重如山

第2章　中国餐饮的三大发展机遇

中国鲜有什么行业能像餐饮业一样，充满如此多的机遇，存在如此多打造品牌的机会。首先，中国34个省级行政区、14亿多人口的巨大消费市场，造就了中国餐饮市场巨大的消费潜力。其次，中国饮食文化极其丰富，餐饮需求极具多样性，催生了中国餐饮无数的品类分化可能，每一个分化都存在打造新品牌的机会。中国经济连续数十年的高速增长，使中国成为当下全球最大的消费市场。庞大的市场为不同规模、不同发展阶段的中国餐饮企业带来了三大发展机遇。

从夫妻店到区域领先

中国市场经济发展初期，人们纷纷下海经商，个体经济迅速繁荣。很多个体创业者因资源、资金有限，开一家投资相对较小的餐厅成为比较合适的选择。“夫妻二人，前厅后厨”是夫妻店餐饮最基本的形态。

随着经济的繁荣，中国中产群体数量急剧增加，推动消费市场整体升级。大多数夫妻店餐饮已经不能满足中产群体的需求，因而被大面积淘汰。在这个大趋势下，一部分经营有道的夫妻店迅速迭代升级，并聚焦于一个市场开出更多店面，逐渐发展成区域领先品牌。

聚焦于一个区域发展，打造区域连锁品牌，是一种相对稳健的发展路径，中国当前还有不少这样的机会。中国上规模的餐饮品牌中，有相当一部分都经历了从夫妻店到区域领先品牌的发展轨迹。夫妻店只要能正确地把握餐饮品类分化趋势，选对赛道，打磨门店模型，之后聚焦单一区域市场或一个狭窄的无争地带，就能迅速建立自己的根据地市场，成为区域领先品牌或开创一个细分赛道。

从区域领先走向全国连锁

区域市场容量相对有限，要想获得更大发展，区域餐饮品牌就必须走出去。

什么时候走出去？要具备以下三个条件：第一，要确定有一个稳定的大后方。营收规模、门店数量绝对领先于竞争对手，已经成为当地顾客的首选。当地市场基本上已经饱和，适合开店的位置都已经覆盖，所有门店都处于良性经营状态。这种状态下，在当地的品牌势能就相对充足了，可以确保在根据地市场不会出现大的竞争威胁。第二，已经形成相对成熟的管理运营体系，有充足的管理人才储备，团队的执行能力也很强。第三，有充足的资金储备，以确保在新的市场有充足的运营、传播资金。只要以上三个条件全部具备，就可以选择一个新的市场去发展了。

打好基础后，区域餐饮品牌向全国突围，选择突围方向和必争市场是关键。必须打赢突围第一仗，才能快速追击，巩固战果。之后继续进击，步步为营，赢得更大的市场，最终走向全国，成为品类之王。

代表中国餐饮走向全球

一个国家综合国力的强盛、全球影响力的提升，为这个国家的企业走向全球提供了很多可能。欧美、日本等发达国家在全球化进程中，诞生了它们强大的全球化企业和品牌。中国处于全面推进中华民族伟大复兴的历史时刻，进一步全球化是必然选择，中国企业出海发展早已不是新鲜话题。像华为、小米、字节跳动等中国企业早已布局海外。

随着中国综合国力的提升，国际影响力进一步扩大，将为中国企业开拓更大的全球化发展空间，中国领先的餐饮品牌将有机会迎来全球化的发展机遇。像海底捞、真功夫、鼎泰丰等中国领先的餐饮品牌早已开始了全球化发展的探索。然而，中国餐饮企业出海发展必须建立在强大的品牌势能和充分的资源储备基础上，如果在国内发展还不充分的情况下匆匆出海发展，极有可能铩羽而归。因为中国餐饮企业只有在国内蓄积足够强大的品牌势能，拥有足够庞大的顾客基础，才有可能进一步辐射国外市场，形成一定的品牌认知基础。

如果我们的目光可以随时间线向未来延伸得足够深远，就能够预见竞争的终局，即没有区域品牌，只有来自世界各地的全球品牌。市场没有国界，全球化进一步演化，越来越多的品牌进入中国，也会有越来越多的中国品牌走出国门。届时，所有品牌面临的都将是全球化的竞争。这是危机，也是机会。

本章小结

三大战略机遇
创建品牌机会

第3章 中国餐饮面临的重大挑战

当前中国餐饮业体量已达4万亿元之巨，但相对于其蕴含的潜力，当前的体量和发展程度与未来相比可能只是冰山一角。目前，中国餐饮业的潜力还远远没有得到释放，行业整体资源配置效率还需要大幅优化。究其核心原因就是，没有很好地解决行业同质化竞争、产品标准化和产品体验的矛盾、管理运营效率等问题。

同质化产生的系列问题

大家知道，中国餐饮人很热爱学习。爱学习本身没有问题，可问题是很多时候学习变成了行业内的互相模仿。你家有道菜不错，我马上就照搬回去，甚至还有很多模仿或照搬广告语的。很多餐饮创业者看到某个品类比较火，大家都做得风生水起，然后就一窝蜂进入，在短期内大家都有生意。待到热潮退去，门前冷落鞍马稀，经营马上陷入危机。这时候怎么办？最容易想到的办法就是花样繁多的打折促销。最后打折促销也失灵的时候，餐饮店只能关门大吉。

很多企业习惯于用同质化模仿、价格战促销来应对竞争，而不是通过提供差异化的价值来求生存与发展。没有差异化的结果就是供应过剩，一堆平庸的企业在一起竞争，提供的都是差不多的产品和服务。同质化导致竞争更加惨烈，价格战频繁爆发。打价格战必然没有利润可言，企业持续亏损，产品和服务质量也就没有保障，进而导致食品安全、偷工减料等行业问题频发，最终整个行业集体沦陷。其中，大量餐饮企业在竞争中倒下，极大地浪费了社会资源，也拖累了餐饮业整体的生产效率。

几年前，黄焖鸡米饭一度风靡全国，但没有一家门店率先解决同质化的问题，由此整个行业逐渐边缘化。中国餐饮业的现状，一方面是潜力巨大，另一方面是生产力低下。

产品标准化与产品体验的矛盾

产品标准化的意义在于给顾客一个确定的预期。就像是一些西式快餐，顾客即便认为它味道一般，那也是清楚它每一次都是同样的一般，在消费之前已经接受它味道一般的事实，顾客消费的是它的便利性。顾客不能接受的是不确定性，第一次体验很好，第二次体验不好，大多数顾客就不愿意再次冒险。这种不确定性正是中餐存在的普遍现象。

种类极大丰富、区域特色鲜明，是中餐独有的特性和优势，但与之对应的还蕴含着烹调程序复杂、难以标准化等先天弱势。中餐讲究色、香、味、形，一道大菜往往需要数十道复杂而高难度的工序，选材、刀工、配料、烹饪、装盘、上桌等，其中任何一个环节出现纰漏都可能影响这道菜的最终体验。与其说中餐是烹饪技术，不如说是烹饪艺术。同样一道菜，厨师和学徒做出来的可能是天壤之别。就算同一个厨师，每次做出来的菜可能都不一样。

难以标准化的问题，成为中餐行业的共同问题。一些领先的餐饮企业纷纷寻求解决之道，解决这一问题的办法往往是简化烹饪工序、淘汰工序复杂的菜品、中央厨房工业化及标准化生产等。这些办法的确在一定程度上实现了菜品的标准化和稳定性，但损失的是中餐的丰富性以及让人垂涎三尺的烟火气息。很显然，这不是中餐理想的未来。

如何平衡产品标准化与产品体验之间的矛盾？这实质上是如何传承和创新的问题。通过技术的创新，实现产品标准化和稳定性的同时，保留自身的丰富性和极致美味，才是未来中餐的进化之路。目前，火锅、烧烤、中式快餐、茶饮等行业在标准化和美味的平衡方面已经实现大幅度的进化。

管理运营能力的挑战

餐饮是一个产业链很长的行业，它同时涵盖生产、服务、营销等多个环节，而且每一个环节都很复杂，任何一个环节出现问题，都将给最终经营成果造成巨大影响。因此，餐饮行业对管理运营的要求是很高的。

现实情况是，优秀的管理人才往往集中在科技、金融等领域，而餐饮行业对人才的吸引力不足。其根本原因是中国餐饮行业有影响力的优秀品牌还不够多，整体影响力还比较小。

管理人才欠缺是餐饮行业共同面临的一大挑战，很多餐饮企业已经在积极地解决这一问题。例如，海底捞、西贝等头部餐饮企业，在人才的培养和引进方面都投入了巨大资源；丰茂烤串也通过建立餐饮商学院、引进及培养大学生干部等方式解决人才短缺问题。

本章小结

三个重大挑战

制约餐饮发展

第4章　中国餐饮为何要发起大决战

在中国餐饮行业，定位很流行。一些企业早已引进定位咨询并从中受益，有一些企业参加过定位的各种学习课程，也有很多人阅读过定位的系列书籍。其中，一部分人对定位寄予厚望，认为定位无所不能；也有一部分人对定位不以为然，认为不过如此，就是一句广告语而已。这两种情况都是对定位“误解颇深”。认为定位无所不能的人，容易产生失望情绪，从而对定位的理解走向另一个极端；认为定位不过如此的人，可能错过定位带来的价值。事实上，定位只是一种理论、一种思维，我们应该像学习管理学等其他理论一样，去学习和了解定位，并思考定位对经营企业、打造品牌的可借鉴之处。只有深入地理解战略定位对于中国餐饮的必要性，才能发挥战略定位的真正价值。

新时代需要新战略

在商品稀缺的时代，开一家餐厅只要味道过得去，大家就都有生意做。这时候，餐厅解决了顾客在外就餐场所从无到有的问题，满足了顾客便利性的需求。当餐厅多起来以后，顾客就有了更多的选择，这时候竞争的核心要素就体现在餐厅的位置、味道、装修、服务等方面，谁能在这些方面做得更好，谁就能赢得竞争。随着餐饮供应链的成熟、商业基础设施的完善，之前的竞争优势都可以被轻易复制，这使得任何一家餐厅、餐饮企业都处于随时可以被替代的境地。当供求关系发生变化，商品供应处于过剩的状态，需求方则占据主动权，这时候赢得竞争的关键就在于，如何让顾客优先选择自己而不是竞争对手。顾客的选择决定了企业的生死存亡。

传统战略思维的核心仍然是如何提升管理和运营效率。管理运营的能力越强，供应商品或服务的能力就越强，这将进一步加剧供应过剩的问题，也就无法从根本上解决企业战略问题。

在商品供应过剩的商业竞争中，企业战略的核心就是要聚焦一切资源，在顾客的心智中占据独一无二的位置，成为顾客的首选。如果你在顾客的心智中没有一个独特的价值认知，即定位，那么你就处于一种备选的境地，随时处于生死边缘，这非常危险。那些在行业中已经占据主导地位的、具有独特定位的企业，也并非高枕无忧。新技术的诞生、新商业模式的出现，再加上各种资本、各领域顶尖人才的加持，使得“跨界打劫”成为一种常态，打败你的往往是看不见也想象不到的竞争对手。即便华为、阿里这样规模的企业，也时刻面临被颠覆的风险。

企业无论规模大小，在行业中处于何种地位，首先要思考的是在顾客心智中是否占据了独一无二的位置。如果没有定位，就要迅速地找到自己的定位；如果已有定位，就要做大、做强这个定位。占据行业主导地位的企业，要善于向自我进攻，持续进化，让竞争对手无隙可乘。

身处四战之地，任何企业都无法独善其身，一场场“大决战”将无法避免。“西方兵圣”克劳塞维茨在《战争论》中指出：“那些看到战争无法避免却又犹豫不决而不主动进攻的政治家，都是国家的罪人。”这句振聋发聩的话同样适用于商战，看到企业面临巨大风险却依然无动于衷的企业家和战略工作者，也是严重失职。

大决战实现差异化

中国餐饮的同质化现象主要体现在以下三个层面。

第一个层面：同品类之间的同质化

同品类之间的同质化是最普遍的同质化，没有明确主导品牌的行业都存在不同程度的同质化，尤其是需求稳定的、处在风口上的品类。比如兰州拉面、沙县小吃、黄焖鸡米饭，以及前几年的酸菜鱼品类。因为需求旺盛，且没有一家独大的主导品牌，所以不断有商家进入。

第二个层面：不同品类之间的同质化

正因为餐饮行业内很多品类没有主导品牌，所有品牌都疲于应付品类内的竞争，没有一家企业引领整个品类发展、彰显品类价值，导致整个品类价值不彰，品类竞争力衰弱，品类逐渐边缘化。如此一来，这些品类很难进入顾客备选名单中，顾客经常在强势品类之间选择。顾客通常想的问题是，到底是吃火锅还是烤串？我们2016年在郑州调研时就发现，顾客就餐时考虑最多的是到底吃哪家的火锅，海底捞还是巴奴？郑州当地的中餐品类却常常不在顾客的考虑范围之内。

第三个层面：经营思路的同质化

很多餐饮企业家认为，只要我比别人做得更好，能更好地满足顾客需求，就能赢得竞争。大家往往注重在企业内部折腾，把全部的精力投入管理运营的提升中，而不是主动思考做点与众不同的事。中国餐饮的同质化本质上是由满足需求的传统经营思路所导致的，如果不转变经营思路，同质化还将长期存在。只有更多的中国餐饮企业开始运用定位的思维审视竞争，及时把握战略机会，找到各自独一无二的定位，才能把行业同质化竞争的泥潭变成水草丰茂的绿洲，让每个企业都拥有一片属于自己的“专属领地”。

大决战实现资源高效配置

餐饮业拉动经济增长，解决大量就业；餐饮很重要，但餐饮又很“重”。餐饮的产业链很长，上下游涉及多个行业，是一个重运营、重资产的行业。餐饮业每年几万亿元的产值，整个行业资源投入巨大。美团点评每年发布的餐饮报告数据显示，中国每年开店和关店的数量非常大，尤其是竞争激烈的上海等一线城市。很多创业者踌躇满志冲进来，头破血流退出去。这一“开”一“关”都是金钱，对于整个社会都是巨大的资源浪费。

有机会成为品类主导者的企业没有主动聚焦资源去全力占据市场，没有机会的创业者反而飞蛾扑火般一头扎进来。如此就加剧了行业的同质化混战，导致整个品类效率低下，最终结果是没有赢家。造成这种现象的原因是，没有以定位的视角去审视真正的机会，从而把资源配置到可以产生差异化价值的方向上。产业链长、投入重的餐饮行业，需要通过定位的导航，让众多餐饮企业朝着适合自己的方向前进，也就是各就各位，避免造成“航道拥堵”。只有发起餐饮大决战，才能提升餐饮生产力。

餐饮企业存在战略问题的七种情况

第一种情况：以前挺好，现在不赚钱

以前餐厅只要把菜做好，就有源源不断的客人到来。现在你开一家店只要生意好，很快周边就有人模仿。做什么都有很多人跟你抢，生意越来越不好做。

稀缺经济时代已经一去不复返了，现在是供应过剩的时代，竞争对手多而强，生意不好做是因为自身竞争优势不够突出。很多成立较早的企业能活到今天的，都曾站在“风口上”。身在风口上，一定要学会飞翔的本领，不然风停了将会被摔得粉身碎骨。不光要会飞，还要飞得快，还要会避让，避开危险，避免相撞。

第二种情况：以前发展挺快，现在增长乏力

以前开店赚了钱就扩大规模，开更多的新店，很快就做大了；现在出现很多竞争者，门店装修比你好，价格可能比你还低。门店经营压力大，没有信心再开新店。租金越来越高，人员费用、成本逐年增加，企业总体营业收入变化不大，利润却大幅下滑。

第三种情况：横跨多个赛道，能赚钱的企业不多

以前顺风顺水的时候，到处开店，横跨多个赛道，想做成多元化餐饮集团；现在表面盘子很大，但实际很多门店根本不赚钱。

多元化曾经是受追捧的战略模型，当年如日中天的日韩企业成为多元化的标杆。公司规模很大，竞争力却虚弱无比。在任何一个领域都没有主导地位，企业就像用多米诺骨牌搭建的大厦，只要某一个骨牌跌落，可以想见整个大厦轰然坍塌的画面。多少一时辉煌无比的日韩企业，如今已是明日黄花。

第四种情况：经常陷入价格战，利润越来越低

逢年过节就打折促销，发放优惠券，有流量、有销量，但就是没有利润。一旦促销活动停止，营业收入就没有保障。

促销打折无疑是饮鸩止渴，价格战是两败俱伤。促销打折吸引的都是贪图便宜的顾客，他们并不是真正认可你的品牌、产品或者服务的价值。这样的顾客群体不会对你有什么好口碑，只要不说你的坏话就算

“烧高香”了。“打折有害品牌健康”，顾客会认为只有卖得不好的品牌才打折，如果产品能卖出去为什么要打折。很显然，这样的顾客群体就是冲着打折来购买产品的，如果产品不打折，他们就会觉得你的产品不值这个价格，转眼可能去挑选竞争对手的打折产品。

打折促销还会在公司内部形成路径依赖。既然上次打折活动卖出那么多产品，为什么还要绞尽脑汁想其他的办法呢？长此以往，必将形成恶性循环。打折促销，销量增加，但利润降低；不打折促销，没有销量、没有利润。结果是只能继续打折促销，但效果会不断降低，有一定销量，但利润会更低；为了提升销量，只能打更多的折，最终入不敷出，卖得越多，亏损就越多。打折促销是一条不归路，也是一个死循环。

既然如此，为什么还要千方百计打折，牺牲利润去争取不认可你的顾客呢？为什么不想办法为真正属于你的顾客去创造更多的价值呢？一言以蔽之，战略懒惰所致。

第五种情况：虽然想过转型，但不清楚往哪里转

市场情况变了，都喊着要转型，但到底转向哪里？怎么转？心里一点谱儿都没有。

生意不好做了，躺着赚钱的日子一去不复返了，都吆喝着要转型。听说互联网不错，公司急忙在天猫、京东等电商平台上开个店；听说直播带货很火，赶紧找“网红”合作；听说生态是趋势，那就打造生态。一通折腾，遇到障碍就回头，丢盔弃甲，损失一队队人马。结果是四处碰壁，频频回头；四处乱撞，困兽犹斗。不回头的可能更惨，直接折戟沉沙。

转型再创业，大方向上肯定是一条出路，但关键是往哪里转，不是所有企业都有那么高的容错率。有的企业底子厚，折腾几下没关系；有的企业本来已经奄奄一息了，随便一折腾就可能关门大吉了。

第六种情况：感觉竞争加剧，但没有好办法胜出

大家的菜品都差不多，越来越没有优势了，除了把菜品做得更好，价格降得更低，真的找不到更好的办法了。

产品越来越同质化，你今天推出一个新产品，明天别人就推出一个和你差不多的产品。品质与你差不多，说不定品质比你的还好，价格比你的还低。怎么和人家竞争？如果继续优化品质，成本必然上升；降价打折，利润就会下降。怎么破？

第七种情况：请过很多营销咨询公司，依然做得不好

请过很多营销咨询公司，也做了策划，一听感觉说得都对，但是到自己这里怎么就没用了，到底为什么？种种困局，迷雾遮天，只能继续请“师傅下山”。几年下来，各个“山头”的老师都请遍了，自己都快成为“专家”了，但是问题并没有得到很好的解决。

虽然搞策划、营销可以起到一定的作用，但大多治标不治本，头疼医头、脚疼医脚，不能根治企业的战略隐患，因此战略问题频频暴露。

以上七种情况揭示的只是企业战略问题的一小部分“症状”，需要引起重视。不容忽视的是，有一些企业的确存在战略隐患，只是还未爆发而已。总之，企业应该常常审视战略，未雨绸缪。如果你的企业存在以上情况，就到了认真审视战略、发起一场大决战的时候了，本书或许能提供一些参考。

本章小结

发起餐饮大决战

提升餐饮生产力

CANYIN
DAJUEZHAN

第二部分

02

原理篇

第5章　关于定位

1969年，“定位之父”杰克·特劳特在美国《工业营销》杂志发表论文《定位：同质化时代的竞争之道》，首次提出商业中的“定位”观念，开创了定位理论，并在40多年的实战中不断开创与完善定位理论。

1981年，杰克·特劳特和艾·里斯合著的《定位》一书出版，该书是定位理论的奠基之作；2001年，定位理论被美国营销学会评为“有史以来对美国营销影响最大的观念”；2009年，《定位》一书被美国《广告时代》杂志评为“史上最佳营销经典”第一名；1986年，杰克·特劳特和艾·里斯合著的《商战》一书出版，成为美国乃至全球营销界必读的营销战略著作，其四种战略模式逐渐成为全球商学院教材。此后数十年间，《聚集》《品牌的起源》《重新定位》等重要著作陆续出版，极大地推动了定位理论的发展。目前，定位理论系列丛书已有20余本，定位理论已发展成为相对完善的理论体系。

定位理论的形成具有划时代意义，它首次提出“商业竞争的胜负不在于市场，而在于潜在顾客心智”。定位的基本定义是，针对竞争对手，在顾客心智中确立自身的优势位置，从而获得顾客的优先选择。迈克尔·波特吸纳了定位理论，重新定义战略，并指出“战略就是形成一套独具的运营活动，去创建一个价值独特的定位”。这个定义并不完善，需要加上一个前提“在潜在顾客心智中”，定位要在顾客心智中建立，要围绕心智中的定位构建运营活动。

定位理论诞生半个世纪以来，全球众多企业通过运用定位获得巨大成功。IBM成功转型，重铸辉煌；西南航空后来居上，市值超过美国航空业三强总和；惠普、宝洁、汉堡王、美林、默克、雀巢、施乐、百事、宜家等众多企业运用定位取得辉煌成就。

在国内，王老吉凉茶从药饮重新定位为“预防上火的饮料”，10多年间业绩从1亿元左右增长至200多亿元；东阿阿胶重新定位为“滋补国宝”，10多年间市值从22亿元增长至400多亿元；长城汽车通过聚焦经济型SUV实现“80亿元到1000亿元”的巨大增长；老板电器通过开创“大吸力”油烟机新品类成为行业数一数二的头部品牌；瓜子网将“网上二手车C2C交易模式”定位为“二手车直卖网”，迅速成长为行业领军者。郎酒集团、诺贝尔瓷砖、分众传媒等企业，同样得益于定位而大获成功。

如今，越来越多的企业家开始重视企业的战略，战略定位逐渐成为企业经营的“标配”，很多企业开始引入“战略定位咨询”。定位已经成为一种客观存在，要么你是在正确、精准地定位，要么你是在错误地定位，对错之间，差之千里。如果不能清楚地识别定位的对错，极有可能兴奋地“干掉自己”，事后却茫然无知。事实上，定位与管理一样，不仅适用于企业，还适用于各类组织，甚至是小到个人、大到国家都可以运用定位获得成功。半个世纪以来，全球应用定位的成功例证不胜枚举。

本章小结

定位客观存在

定位成为标配

第6章　餐饮大决战的终极之地是顾客心智

餐饮业竞争核心地点的三次转移

对定位有一定了解的读者可能知道商业竞争的核心地点发生过三次转移：第一次是从手工作坊转移到工厂，第二次是从工厂转移到市场，第三次是从市场转移到顾客心智。同样地，餐饮业竞争的核心地点也有三次转移。

第一次转移：从家庭厨房到饭店

在市场经济大发展之前，人们吃饭主要是在家里，家庭厨房实际上就是“手工作坊”。不只是吃饭要在家里，衣服、鞋子很多时候也是家里做。市场经济发展之后，人们有了更多的可支配收入，同时也产生大量的需求。人们从吃饱到要求吃好，外出就餐的需求迅猛增长，这时候饭店就多了起来。饭店能提供比家庭厨房更丰富的饭菜，从而满足顾客更多的口味选择。这个时期，谁能在人口密集区抢先开店填补市场空白，谁能更好地提供就餐的便利性，谁的厨师手艺高，能做出更可口的饭菜，谁就能迅速发展起来。“得大厨者得天下”，有大厨坐镇的饭店，会成为行业的佼佼者。

那个时期遍地都是大排档、川菜馆，今天的连锁品牌很多就诞生于那个时期，比如海底捞火锅、丰茂烤串等。和它们同一个时期创业开店的不计其数，但到今天还存在的是极少数，为什么？因为时代在变革，而它们没有跟上时代发展的脚步，及时迭代自我。

第二次转移：从饭店到市场

随着餐厅数量的急剧增加，餐饮竞争的地点向前推移到了市场。“只懂炒菜，不懂顾客”是无法生存的，因为市场在变，顾客的需求在变。这时候必须把各种资源包括优秀人才、资本等投入市场中，及时洞察到顾客的需求，并全力满足顾客的需求。

海底捞火锅从四张桌子起步，这个起点与同时期的创业者没什么两样，后来正是及时把握住顾客对服务的需求，然后聚焦资源全力满足这一需求，才在众多竞争者中一骑绝尘，成长到今天的规模。丰茂烤串同样也是从四张桌子起步，坚持羊肉现穿，把烤串味道做到极致，满足了顾客对“更好味道”的需求，从而成长为全国烧烤头部品牌之一。西贝莜面村也是从内蒙古一家小店起步，成长为中餐头部品牌。在我们看来，西贝莜面村成功的关键因素之一就是及时把握住了中国城市化的趋势，享受到城市商业综合体的发展红利。率先进入商业综合体，就是更好地满足了顾客对“消费环境”的需求。

第三次转移：从市场到心智

当“满足需求”的竞赛愈演愈烈，餐饮竞争的核心地点又发生了第三次转移。随着商业的发展，餐饮业产业链上所需要的一切都有大型组织来满足。缺少发展资金，有专业的投资机构给你钱。只要资金到位，餐厅选址、设计装修、服务流程设计、菜单设计、食材供应、人员招聘、营销推广等方面的需求都可以满足。这些强大的供应能力，又让餐厅满足顾客需求的能力前所未有地强大。在任何一个成熟的商场中，任何一家餐厅都能很好地满足顾客的就餐需求，能进入商场的餐饮店，菜品、服务、环境都不会很差。然而，满足需求的能力并不能让顾客青睐于你，它只是让你获得了“满足需求”竞赛的参赛资格而已。

当一个顾客进入商场就餐，就有几十家餐厅在等着他选，是吃火锅还是吃烧烤？他环顾一圈，扫视众多餐厅，再打开大众点评，指尖滑过屏幕，点击凝视一番，心中已有决断，在迎宾人员期待的目光中走进自己中意的餐厅，而其他餐厅就是这次选择中被放弃的失败者。试想一下，你的餐厅像不像《非诚勿扰》节目中的男嘉宾，你的一切努力都是为让更多的女嘉宾给你“留灯”，你在女嘉宾心目中的价值越大，为你亮的灯就越多。女嘉宾手中的灯决定男嘉宾的去留。同样地，顾客的选择决定餐厅的生死存亡。因此，一个餐厅必须用一切力量获得顾客的优先选择，选择权在顾客手中，选择的理由在顾客心智中，餐饮竞争的核心地点也就转移到了顾客心智中。

餐饮大决战的终极之地是顾客心智

在餐厅数量稀缺的时代，留给顾客的选择并不多，正如福特汽车创始人亨利·福特所言：“你可以要任何颜色的汽车，只要它是黑色的。”随着商业的发展，餐厅逐渐增多，顾客的需求得到尽情释放和满足，这是一个顾客和餐饮商家都很“幸福”的时代。然而，这样的美好并没有持续太久，餐饮市场强大的生产供应能力很快就打破了供需平衡。在信息爆炸、产品过剩的今天，餐厅、美食的信息无处不在，顾客随时随地都能自主获取。“掌握信息者掌握权力”，顾客的自主权被推高到无以复加的程度，顾客可以自主选择任何一个认可的餐厅，也可以对不认可的餐厅置之不理。人的一切行为都受自主意识的支配，自主意识源自人的心智。到了今天，顾客心智是餐饮竞争的终极之地。

心智运作的七个规律

对于心智，简单理解，“心”就是心理结构，“智”就是智能水平。心智的运作可以看作“有一定智能水平的大脑按照心理结构设定的算法来处理信息的过程”。心理结构和智能水平之间的关系类似于计算机的系统算法和处理器运算算力，即算法和算力的关系。

在“传播过度”的社会中，人们的心智“信息超载”，导致“心智疲于应付”。在此前提下，企业能否成功取决于能否正确把握心智运作规律。为了揭示心智运作的客观规律，特劳特在《新定位》一书中做了充分论述，总结出五个最重要的心智规律。定位系列丛书中所揭示的心智规律不止这五个，我们将典型的“心智印刻第一”“心智归类记忆”纳入其中，总结为七条，以便读者更全面地理解心智的运作规律。人的心智非常复杂，可能还有很多心智规律未被科学研究发现，我们能做的就是充分参照已经发现的心智规律指导企业经营。

疲于应付的心智

信息时代，泛滥的信息让人们的心智疲于应付。面对四面八方涌来的海量信息，大脑被迫对信息进行简化归类，运用经验或常识来做判断。大脑一方面会过滤掉那些和已有认知不符的信息，另一方面会主动忽略掉在认知中不具有差异化的信息，将其归类为已知的无价值信息。

比如，有朋友要请你去一家内蒙古人开的川菜馆吃饭，你可能会认为他是开玩笑，内蒙古人怎么会开川菜馆呢？能好吃吗？内蒙古人开川菜馆属于不符合已有认知的信息。当朋友告诉你附近新开了一家烤串店，你会想：“烤串店到处都是，这有什么稀罕吗？”当他告诉你这家烤串店的肉串都是现穿的，你可能会想：“现穿现烤，味道一定不错吧，去尝尝！”新开一家烤串店没什么特别，属于不具有差异化的信息，但这家店的烤串是“现穿的”，属于差异化的信息，因为它与其他烤串店不同。

因此，品牌只有传达出“简单至极而又与众不同”的信息，才能被疲于应付的心智关注到。

第一个规律：心智容量有限

科学研究发现，成年人的大脑只占身体重量的2%左右，却会消耗身体20%以上的能量。基于生物生存本能，为了节约能量消耗，大脑只会记忆有限的信息，而且是有选择性地记忆。大脑也有遗忘机制，会选择性地遗忘不重要的信息，以清理“内存”。根据哈佛大学心理学家乔治·米勒博士的研究，顾客心智中最多也只能为每个品类留下7个品牌空间。特劳特进一步发现，随着竞争的加剧，最终连7个品牌也容纳不下，只能给两个品牌留下心智空间，这就是定位理论中著名的“二元法则”。如今，传统行业可能还是“二元法则”占主导地位，而互联网行业已经是“一元法则”占主导地位了。

《定位》一书中阐明，顾客心智中存在“一个个小阶梯”，顾客把各个品牌分级存放，最上层放着顾客认为最重要的品牌。市场上“数一数二”的品牌更容易被顾客记住，因为心智容量有限，顾客没必要刻意记住更多品牌。新品牌或者排行靠后的品牌更应该简化信息，在传播中输出最具有竞争性的核心信息；而因为大脑遗忘的本能，“数一数二”的品牌同样也需要时常进行公关活动和广告推广，以引导顾客来消费。

第二个规律：心智厌恶混乱

从企业内部角度来看自己的品牌或产品，能罗列出“四大优势”“八大卖点”，但从企业外部顾客角度来看，如此多的信息是混乱的，是令人厌恶的。要想让你的品牌信息穿透厌恶复杂、厌恶混乱的顾客心智，就必须简化信息，聚焦到一个强有力的差异化概念，产品品项也要尽可能地集中为一个。成功的品牌都是如此。红牛从推出到成功始终保持一个金罐，“困了累了喝红牛”也传播了很多年，遗憾的是红牛后来放弃了这句最具价值的诉求，结果就被东鹏特饮拿走了，把“困了累了”换了顺序就是“累了困了喝东鹏特饮”。红牛很“牛”，同时占据了正反面案例；海底捞始终以“服务”这一独特差异化统领战略，成为中国餐饮第一品牌；丰茂烤串坚持“现穿”这一差异化战略，从而在烤串的“红海”中脱颖而出，成为烤串行业头部品牌之一。

强大的品牌，最终会在顾客心智中占据一个词，即“一词占领心智”。品牌有了这个词，才能进入厌恶混乱的顾客心智。

第三个规律：心智缺乏安全感

人们消费新品类、新品牌时是缺乏安全感的，通常会根据他人的认知或行为来做出自己的购买决定，即所谓的“从众心理”“跟风购买”。比如，外出就餐不知道去哪里时，人们往往更愿意去那些顾客排着队等候的餐厅。所以，顾客排队等候的餐厅生意会越来越火。这就不难理解，有些餐厅为什么不惜花大费用雇人排队，也要营造出热销氛围了。因此，品牌需要提供“信任状”来打消人们消费时的不安全感，上述的热销排队就是一种，当然最有力的“信任状”就是市场地位。领先的市场地位就代表着大多数人的选择，既然有这么多人选择，自然就是安全的，就是最好的。

第四个规律：心智难以改变

顾客一旦对某个品牌和产品产生认知，之后将很难改变。比如，茅台推出“茅台红酒”“茅台啤酒”，人们会想：“茅台不是白酒吗？茅台红酒和啤酒是不是酱香型的，一杯下去是不是就醉了？”恒大冰泉一经推出，人们普遍反映感觉怪怪的：“恒大冰泉似乎总能喝出钢筋水泥的味道。”对霸王凉茶，人们则说：“喝霸王凉茶总是有点喝洗发水的感觉。”事实证明，但凡违背顾客心智认知的产品，都难以成功。茅台白酒频频涨价却供不应求，茅台红酒和啤酒却鲜为人知；恒大冰泉亏损数十亿元后，被迫出售；霸王凉茶还未广为人知，就已销声匿迹，也将主业霸王洗发水的利润消耗殆尽。

心智难以改变的这个特性对品牌而言也并非全是坏事，如果品牌在顾客心智中占据了一个认知，这个认知就只属于你，别人很难把它拿走。比如，“霸王”在顾客心智中是“防脱洗发水”，别的品牌如果也做防脱洗发水，说自己比“霸王”更好，顾客是不会相信的。心智难以改变，启示我们要避免“做得更好就能胜出”的思维，因为顾客不会相信。正确的思考是“不同胜过更好”，不同就是不一样的价值，是其他竞争对手所没有的，只有你才有，你在顾客心智中就是独一无二的。

第五个规律：心智容易丧失焦点

顾客心智常常会面对很多品牌，而且还会面对不断出现的新品牌。信息的不断干扰会模糊顾客心智中已有的认知，一个品牌如果不能持续强化自己在顾客心智中的认知，而是赋予品牌更多的内容，这将导致该品牌在顾客心智中的认知逐渐模糊，直至失去焦点，变成一个模糊的影子，这就为竞争对手制造了取而代之的机会。这样的现象在快消品领域比较普遍。这些企业总是喜欢在一个品牌下推出太多的产品，开发出太多的口味和包装，如康师傅、统一、娃哈哈等。比如，当你对朋友说：“请帮我买个康师傅。”他会问你：“是方便面、冰红茶、绿茶，还是什么呢？”很显然，“康师傅”在人们的心智中已经丧失了焦点，你可能“还是曾经那个少年，没有一丝丝改变”，而“康师傅”早已不是当年的“康师傅”了。

在餐饮领域，一个品牌做多个品类的现象不常见，但餐饮品牌也需要长期聚焦一个点，比如在聚焦一个菜系的同时，也要打造招牌菜产品。如此才能让顾客想到你的时候清晰地知道“你是什么菜，你的招牌菜是什么”。

第六个规律：心智印刻第一

研究发现，动物界存在“印刻现象”，比如刚出生的小鸭子会将第一眼看到的物体当作父母印刻在记忆中。动物界的“印刻现象”也适用于人类，人类的心智也有类似的印刻现象。人与人之间“第一印象”很重要，人会将第一次见面的印象印刻在记忆中。我们能记住人生中很多第一次，数十年过去都不会忘记。比如，第一次吃肯德基，第一次尝到白酒的味道。我们会牢牢记住第一个进入心智的事物。

比如，姚明并不是第一个进入NBA的中国球员，但由于姚明在NBA形成了巨大的影响力，从而让更多人记住了他，因此很多人认为第一个进入NBA的中国球员是姚明。我们能将第一次进入心智的事物深深印刻在记忆中，这就是心智印刻第一的现象。基于这一心智规律，我们应该意识到“成为第一”是品牌成功的关键。

第七个规律：心智归类记忆

人的大脑为了提升记忆效率，会将接收到的信息先进行归类，再记忆储存。如果一个信息无法被大脑解读或者清晰地归类，这个信息就是一种模糊信息，很难被大脑有效记忆，或者说大脑想要记住模糊信息需要付出很大的脑能量。“心智归类记忆”这个规律，使得品牌尤其是新品牌首先要清晰地传达自己“是什么”，即你是什么品类。因为顾客消费的时候，首先想到的是品类，之后才想到品类中的某一品牌。比如，顾客想“我需要买一台空调”，然后想“买格力还是美的？”顾客不会想“我需要买格力”，然后想“我是买格力空调还是买格力冰箱呢？”

我们把顾客购买决策逻辑概括为“品类思考，品牌表达”。我们认为，一个品牌或者产品需要两个名字才能被顾客高效地识别、记忆、储存，即“品牌名+品类名”。

餐饮大决战在顾客心智中展开，这就需要我们深刻理解这些心智的运作规律，之后遵循它、运用它。要转换思维模式，把顾客心智中的认知看作真正的客观现实，并以此来指导战略行动，最终实现大决战的胜利。

本章小结

大决战的终极之地是心智

善用心智规律是取胜关键

第7章　餐饮大决战的本质是抢占心智资源

企业最有价值的资源是心智资源

在定位理论中，心智资源又称为顾客认知，是经由历史积累而形成的心智中的相对优势认知。国家具备的优势认知经积累便形成了国家心智资源，例如法国的红酒、大餐，德国的啤酒、工业制造，中国的白酒、茶叶、丝绸、中药、中餐等。同样，一个国家不同区域的优势认知也能造就各自所独有的心智资源，如云南的普洱茶、山西的陈醋、内蒙古的牛羊肉等。从商业角度来看，心智资源包括顾客对于某个产品、品牌的认知积累，甚至是普遍记忆。从餐饮行业角度来看，四川的火锅，广东的粤菜，陕西、山西的面食，等等，都是区域心智资源，以上所列举的只是沧海一粟，中国餐饮有着无数的心智资源“宝藏”有待挖掘。

餐饮竞争转移到顾客心智中之后，餐饮企业应该把抢占顾客心智资源作为经营的终极目的。这并不意味着企业不需要渠道资源、资本资源、人力资源等传统的资源了，而是这些资源都要为抢占心智资源服务。失去心智资源，其他资源都是无根之萍，是无法发挥作用的。心智资源才是企业最有价值的资源。这就是为什么很多亏损的互联网企业却具有惊人的估值，因为它们都占据了某一种心智资源。因此，餐饮企业发起大决战的终极目的就是抢占心智资源。

餐饮大决战的本质是抢占心智资源

大决战的本质就是利用品牌占有顾客心智中的某种心智资源。迈克尔·波特认为，战略就是形成一套独具的运营活动，去创建一个价值独特的定位。然而，波特的战略仍旧强调的是战略配称与运营取舍。他提出了三种通用战略，即总成本领先战略、差异化战略和专业聚焦战略。这三种战略归根结底也只是提升企业运营优势，问题是，运营优势不等于也不能构成心智优势。不能夺取心智资源，即使再好的运营、再优秀的团队、再大的投入，也无法形成持久的竞争优势和市场业绩。

因此，餐饮企业不能只盯着经营业绩的数字。餐饮企业家首先要思考的是，我的品牌能占据哪一种心智资源？如何占据？要把占据目标心智资源上升为企业战略，成为企业上下一致的经营方向，而且在必要的情况下，还应该做出取舍，集中一切资源来抢占这一心智资源。

心智运作的规律和特征决定夺取心智资源不是一蹴而就的，而是一个长期战略。在企业实际经营中，会有诸多因素影响企业的战略执行，尤其是产业链很长的餐饮企业。餐饮业竞争激烈，投入又大，迫于经营压力，品牌建设往往服从于业绩提升，而为了提升业绩又往往频繁打折促销。为了控制成本，还会压缩品牌建设投入，这样就形成了短期运营和长期战略的矛盾。企业在决策时，如果没有把夺取心智资源作为经营的纲领和方向，将难以形成统一的行动标准，运营则难以形成合力。更糟糕的是会贻误战机，被竞争对手抢先一步占据该心智资源，再想夺回则是难上加难。因此，战略一旦确定，企业要有足够的耐心，坚持战略“一百年不动摇”。正如郎酒集团的战略理念：“一条战略，几条有效战术，十倍执行，百倍坚持！”

大火烧不掉的品牌

可口可乐的传奇总裁罗伯特·伍德鲁夫曾做出一个著名的论断："如果可口可乐在世界各地的厂房被一把大火烧光，只要可口可乐的品牌还在，三个月后我可以重建可口可乐的商业帝国。"这一论断被人们津津乐道，但论断终归只是假设，一直没有得到验证。直到中国饮料业著名的"凉茶大战"发生之后，才验证了这位传奇总裁的论断是完全有可能实现的。

"凉茶大战"王老吉和加多宝在争什么？争的不是渠道资源，也不是产品配方。王老吉争的是"王老吉"商标所代表的"正宗凉茶"的心智资源；加多宝切换名称后，不惜代价投入资源，目的是要把自己一手创造的"王老吉"所代表的心智资源转移到"加多宝"品牌。加多宝的这一系列战略动作被形象地比喻为"换头手术"。

"凉茶大战"完美地验证了可口可乐这位传奇总裁的论断。他之所以笃信可口可乐是"大火烧不掉的品牌"，是因为他知道可口可乐在人们心中代表"正宗可乐"。这一心智资源才是可口可乐最大的资产，而不是全球的工厂。

在中国茶饮行业，高端现制茶饮赛道，喜茶和奈雪的茶处于头部数一数二的位置，奈雪的茶在品牌势能、发展规模等方面长期落后于喜茶。虽然奈雪的茶率先上市，言称是"全球茶饮第一股"，但上市第一天就"破发"。我们认为这个情况背后有一个重要的原因，就是在顾客心智中喜茶才是"新式茶饮第一品牌"，而不是自称"全球茶饮第一股"的奈雪的茶，相较于奈雪的茶，投资者们认为喜茶更有价值。事实上，在奈雪的茶上市前，喜茶的估值也是领先于奈雪的茶。奈雪的茶抢先上市，并大肆宣传"全球茶饮第一股"，其战略目的就是要抢占"茶饮第一品牌"的心智资源。

拥有心智资源的五重优势

定位理论有一个颇受争议的观点即“认知大于事实”，甚至有人这样理解：“只有认知，没有事实”。如果只抠字面意思，断章取义，对真正理解定位和正确运用定位毫无帮助。持“认知大于事实”这种观点，背后的深意是为了强调认知的重要性，也就是拥有心智资源的重大意义。

哲学家康德将自由竞争法则形象地比喻为“密林高且直”。在茂密的森林中，树木总是长得又高又直。因为只有拼命地往高处生长，才能获得阳光。如果小树左一下右一下地长歪了，就会消耗资源。既影响了它往高处生长，也影响了生长的速度，当它的叶片被大树覆盖的时候，那就意味着它将没有任何生存的机会。

“密林”就是竞争环境由产品稀缺转向产品过剩；“高”就是不要再局限于物理层面、管理层面、运营层面的竞争，而是要在顾客的大脑中占据一个位置，获得顾客心智资源的“阳光”；“直”就是心无旁骛，删繁就简，聚焦资源，直取顾客心智资源。

“得民心者得天下”，心智资源之所以如此重要，是因为一旦通过定位占据心智资源，就可以拥有五重优势。

第一重优势：屏蔽竞争

常言道，“大树底下好乘凉”“大树底下无小草”。如果你在顾客心智中占据了某一种心智资源，就能屏蔽其他竞争者。海底捞的周边，大多数火锅店生存艰难。我们为丰茂烤串做战略定位咨询期间，一次调研考察时，发现北京的一条街道上，烤串门店不下十家，饭点时刻大多生意冷清，丰茂烤串门口却挤满了等位的顾客。因为丰茂烤串占据了“羊肉现穿”的心智资源，顾客心智中“现穿的”肯定比“提前穿好的”冷冻肉串好吃，丰茂烤串就屏蔽了其他竞争对手。

第二重优势：认知优势

没有人会怀疑百达翡丽手表走得不准，因为它是世界上最名贵的手表之一。在顾客心智中，格力代表了空调，那么它的质量一定是最好的，事实上在产品层面，现在的空调质量都不会差。到河南郑州，吃河南菜，顾客一定会优先选择解家河南菜，因为在顾客心智中解家是河南菜连锁领先品牌，代表了河南菜，因此解家成为顾客首选。

第三重优势：溢价优势

拥有强大定位、占据优势心智资源的品牌具有很强的溢价优势。它们拥有定价权，价格常常比同行高出很多。比如，茅台价格不断上涨却供不应求，因为它代表中国最好的白酒；五粮液及其他头部白酒品牌纷纷提价，也完全没有影响销量。在广西南宁，桂小厨广西菜的客单价要比很多本地菜餐厅高出很多，但桂小厨的生意是最好的，因为桂小厨是广西菜的代表品牌。东阿阿胶为什么敢连年提价，因为它代表阿胶并做大了阿胶的价值。

第四重优势：渠道优势

强势品牌在选择渠道的时候也占据了优势，往往可以要求更多的优待条件，却享受更低的租金。路易·威登决定进入某一商场，不但是没有租金的，而且商场还得给它补贴。在餐饮业，麦当劳、肯德基、海底捞等品牌入驻商业的条件都远远优于同行，拥有更大的谈判筹码。因为它们都拥有强大的心智资源，自身具有强大的“心智流量”。反之，那些不具备优势心智资源的品牌，想进入商场则条件苛刻，甚至没有可能进入。

第五重优势：资源优势

拥有心智资源的品牌，各种资源也会向它倾斜。2020年新冠肺炎疫情袭来，餐饮业面临巨大危机，很多餐饮店陷入困境，纷纷筹措资金以渡难关。与之相反，海底捞、西贝等餐饮品牌则是银行纷纷找上门来给予大额信贷。我们服务的桂小厨广西菜、尚一汤广东炖汤等品牌也收到银行的信贷支持。因为它们都是各自领域的佼佼者。一些强大的品牌，就算不需要融资，也会被投资机构“众星捧月”般环绕着。强势品牌拥有的资源优势远远不止资本资源，在政府层面可以得到更多的支持，在人力资源方面也可以优先选择优秀人才。

企业一旦通过大决战获得成功，占据了某种心智资源，就有机会通过代言品类成为行业标准，赢得顾客的优先选择，同时有效地防范负面认知，进而增强竞争优势，形成一种正向循环。这样就在顾客心智中构筑了一道坚实的“护城河”。拥有强大心智资源就拥有源源不断的好处，反之，丧失心智资源不但没有上述优势，还将陷入被动，同时伴随着六重风险。

丧失心智资源的六重风险

第一重风险：不被考虑

不占据心智资源的产品和强势品牌放在一起的时候是不会被顾客考虑的。当货架上有可口可乐、百事可乐的时候，顾客很难选择其他可乐。顾客可以选择去海底捞、巴奴吃火锅的时候，就很难再选择其他火锅店。

第二重风险：永远备选

在顾客有某种需求而又购买不到想要的品牌时，可能会选择“备胎”。当这个超市不卖可口可乐和百事可乐的时候，你可能会选择一瓶非常可乐；如果海底捞、丰茂烤串排队时间太长，你可能会选择其他替代品牌。

第三重风险：低价销售

由于不被选择或处于备选地位，只能被迫低价销售以赢得顾客。同一家商场，有的餐厅不打折还排着长队，有的餐厅只能靠发代金券招揽客人。

第四重风险：夹缝生存

由于不被优先选择，竞争力弱，只能避开强势品牌，在边缘市场或夹缝中生存。可口可乐和百事可乐在大城市，非常可乐就只能去农村。然而，当非常可乐在农村卖得很火的时候，就又形成了一种认知：“乡巴佬可乐”。当非常可乐到了大城市，“白领”们会选择它吗？不会。他们要喝美国的正宗可乐——可口可乐。

第五重风险：侵蚀未来

生存空间被挤压，没有利润，只能勉强维持生存，无法投入更多资源支持未来发展，陷入恶性循环。比如，奶粉行业曾经的“三聚氰胺”事件，背后就是国产奶粉当时集体受到“洋奶粉”挤压而艰难生存的窘境。再如一家餐厅，如果不被顾客选择就没有足够的利润，没有利润就没有资金选择更好的食材，就不能招聘足够多的服务员，结果是，菜品品质无法保障，服务也不到位，客人就更不会来，如此循环，没有未来可言。

第六重风险：面临淘汰

一旦失去心智资源，就步步被动，逐渐被边缘化，最终难逃被淘汰的命运。2020年新冠肺炎疫情期间，全国爆发关店潮，关店的主要是单店和弱势品牌，很多头部餐饮品牌反而是逆势扩张。

本章小结

大决战的终极目的是抢占心智资源

得之，五重优势；失之，六重风险

第8章　餐饮大决战的参战主体是品牌

大决战是品牌与品牌之间的“战争”

关于商业竞争的主体，说法有很多，主要观点有：企业与企业的竞争、商业模式的竞争、人才与资源的竞争、资本的竞争等。同一个问题，之所以有如此多的看法，是因为看问题的角度不同。如果不能站在正确的角度来思考这个问题，那么企业经营者将无所适从，更谈不上正确地指导经营实践了。要正确地回答这个问题，只有站在顾客的角度。因为竞争的终极战场是顾客心智，物理战场的一切行动最终都要服务于心智战场。

餐饮大决战的终极战场在顾客心智中，那么在心智的战场上参战主体都是什么呢？从顾客的角度来看，答案显而易见。顾客更关心的是品牌，而不是品牌所属的企业。男士买吉列剃须刀，并不是因为它属于宝洁公司，而是因为吉列代表剃须刀，“吉列”这个品牌承载了“剃须刀”这一心智资源。正是因为吉列拥有“剃须刀”这一心智资源，才能让宝洁公司不惜斥巨资并购它。因此，企业真正的价值在于这家企业的品牌所拥有的心智资源，而不是这家企业本身。

当顾客选择肯德基的时候，并不知道肯德基属于百胜集团，顾客也不关心它是哪个公司的。顾客想的是，吃炸鸡要去肯德基。同样，顾客选择餐厅的时候，想的是“吃什么？去哪里？”没有人会想“我要去哪家公司开的餐厅吃？”顾客做选择决策的时候，思考的是品牌而非企业，更不是商业模式、人才资源等要素。

因此，餐饮大决战的参战主体是品牌，品牌承载着企业所要争夺的心智资源，大决战是品牌与品牌之间的“战争”。

品牌是品类及其特性的代表

关于品牌的定义有很多。定位理论认为，在顾客心智中占据一个“定位”概念的名称才是品牌，仅仅是一个商标名称或者有知名度的还不能算是品牌。冯卫东在《升级定位》一书中把品牌定义为“品牌是品类及其特性的代表，是占据了某个定位的一个名字”，这个定义是准确而清晰的。比如，说到“服务做得好的火锅”，顾客会想到“海底捞”这个品牌。“火锅”是品类，“服务”是火锅这个品类中的一个特性，海底捞代表了服务最好的火锅。提起火锅中的“毛肚”，顾客会想到“巴奴”这个品牌，“毛肚”是火锅品类的一个特色，也是火锅品类的一个特性。巴奴代表以毛肚为特色的火锅。烤串品牌有很多，说起丰茂烤串，顾客会想到“现穿”，“现穿”就是烤串品类的一个特性。另一个烤串品牌“很久以前羊肉串”，“羊肉串”是烤串品类的代表产品之一，也是烤串品类的一个特性。

特性不能脱离品类而独立存在，如果单独说“服务”，是无法关联到一个品牌的，因为“服务”是一个泛指的概念，任何一个品类都可能涉及“服务”。只有具体到某一品类，特性才能关联到品牌，从而构成定位。因此，品牌是品类及其特性的代表，占据品类中某一个特性构成了品牌的定位。

定位理论的另一位奠基人艾·里斯，他在《品牌的起源》一书中阐明了一个核心概念“品类”。商业的演化犹如自然界的生态系统，品类是商业系统的“物种”，也会像生物物种一样具有进化、分化、衰亡的演化规律。

如前所述，顾客消费的决策逻辑是“品类思考，品牌表达”，也就是说，顾客做某一个消费决策的时候首先想到的是“我需要购买某一类产品”，然后想到的是“我选哪个品牌”。比如，逛街渴了需要买点东西喝，喝饮料还是喝茶饮？如果决定喝饮料，第一个想到的可能是可乐，喝可乐当然优先选择“正宗可乐”——可口可乐；另一个选择是“年轻人的可乐”——百事可乐。如果决定喝茶饮，你可能会搜一下这个商场有没有喜茶，但如果你想喝更清爽解渴一点的，你可能会搜柠檬茶一类。因此，从顾客消费决策过程来看，“饮品”不是品类，“饮料”也不能是品类，“可乐”才能算是品类。品类是能让顾客最终对应到某一品牌的商品分类。顾客最终买了可口可乐的前提是他首先决定了要买可乐，他如果还没想好是喝可乐还是喝茶饮，是决定不了选择可口可乐的。

品牌必须依托品类而存在，如果品类消亡，品牌也将消失。只有品类强大，品牌才能强大。比如，当下喝新式现制茶饮的人越来越多，才成就了喜茶、奈雪的茶等有价值的茶饮品牌。反之，喝冲泡奶茶的人越来越少，香飘飘品牌就出现了生存危机。

一个品牌需要两个名字

无论是从品牌的定义还是从顾客选择逻辑来看，品牌都需要有两个名字才能定义清楚自己是什么。品牌是品类及其特性的代表，一个品牌本身就包含两个核心要素，即品牌的称谓和品类的称谓。比如，“公牛”代表最安全的插座，所以“公牛”是插座品类的一个品牌，“安全”是插座品类的一个特性。顾客想买插座的时候，会因为公牛插座最安全而选择它。

品牌的最大价值是代言整个品类，成为品类的代名词。因此，品牌在顾客能接触到的任何地方都应该将自己的品牌和品类绑定，以强化品牌的品类地位。海底捞已经是火锅第一品牌，还是在所有门店门头上完整呈现“海底捞火锅”。反观很多尚未成为品类代表的品牌却没有清晰地体现自己的品类名。品牌永远都需要开创新顾客才能维持生存，不能假设所有人都知道我们是什么。尤其是餐饮行业，顾客路过门店的时候，如果不知道这是一家什么餐厅，大概率是不会贸然进去的，该餐厅就失去了一次让顾客进店或者了解你的机会。

一个品牌需要注册两次

品牌是企业参与大决战的主体，品牌承载着企业最有价值的资源——心智资源，企业的一切投入都储存在品牌这个“账户”里。品牌如此重要，需要重点保护。保护品牌的有效方式就是注册两次：一次是在商标局注册，获得法律的保护；另一次是在顾客心智中“注册”，赢得优先选择。

事实上，因为商标问题而遭受损失的企业不在少数，其中很多企业是因为对商标注册不够重视，没有意识到其重要性。在我们与丰茂烤串刚开始合作的那段时期，丰茂烤串的门店招牌上是“丰茂盛”，因为“丰茂”被人抢注了，丰茂烤串没有及时注册商标，只能被迫使用“丰茂盛”。后来我们建议一定要拿回“丰茂”商标，通过一番周折所幸成功拿回了“丰茂”商标。如果没有商标所有权，企业投入的品牌建设都是为他人作嫁衣。加多宝公司当初如果知道租用“王老吉”商标会发生后来的事，应该不会选择租用，一定会选择购买“王老吉”商标或者使用其他商标做凉茶。与之相反，腾讯、阿里、老干妈等企业就特别重视商标注册，注册了数量庞大的商标矩阵，杜绝了相似商标“山寨”的可能，很好地保护了自家品牌。

品牌在商标局完成注册，获得了法律的保护，但这远远不够，品牌还需要在顾客心智中完成注册，从而获得顾客“心智产权”。巴菲特所说的企业的“无形资产”就是企业的品牌在顾客心智中所拥有的心智产权。品牌要想方设法地在顾客心智中占据“一块地皮”，有了这块地皮，你所做的一切在顾客心智中才具有“合法性”。曾经的霸王凉茶在顾客心智中就没有做凉茶的合法性，于是被顾客心智拒之门外，最终它消失了。因为在顾客心智中凉茶的产权属于王老吉，而“霸王”在顾客心智中的产权是“防脱洗发水”，“霸王”做凉茶就超出经营范围了，是不具有合法性的。霸王凉茶这种情况，就是定位理论所反对的品牌延伸，可以说是“断裂式”延伸。它从洗护日化领域横跨到饮料领域，中间隔着天堑。如果“霸王”从洗发水延伸到做护发素，还勉强算合理的延伸。

本章小结

大决战是品牌之间的“战争”

一个品牌，两个名字，品牌名和品类名

一个品牌，注册两次，商标局和顾客心智

第9章　餐饮大决战的威力公式

战略定位的过程就是大决战

对于企业而言，不是你找到一个定位就成了，找到这个定位只是战略的起点，还要通过一系列的战略动作将这一定位深深地植入顾客的心智中，之后更要把这一定位做强、做大。因此，企业战略定位的过程就是在进行大决战，企业通过大决战占据定位。

加多宝发现“预防上火”这个定位，之后通过十几年持续创建，最终实现从几千万元到几百亿元的营业收入，营业收入增长是定位变得强大的过程在市场上的体现。加多宝通过大决战牢牢占据了“凉茶——预防上火的饮料”这一定位；老乡鸡为了“中式快餐”头把交椅的位置，连年投入，一路从安徽走向全国。战略是一个长期的、持续的、动态的过程，战略定位在具体的运用中可分为四个步骤。

邓德隆为《定位》写的序言中总结出“定位四步法”，为战略定位的具体运用提供了工作方法。

第一步，分析整个外部环境，确定“我们的竞争对手是谁，竞争对手的价值是什么”。（这与德鲁克在回答管理第一问“我们的业务是什么，应该是什么”时问的“我们的顾客是谁，顾客的价值是什么”相反，因过多的选择、有限的心智，使得经营方式已从顾客导向转向竞争导向。）

第二步，避开竞争对手在顾客心智中的强势，或利用其强势中的弱点，确立品牌的优势位置——定位。

第三步，为这一定位寻求一个可靠的证明——“信任状”。

第四步，将这一定位整合进企业内部运营的方方面面，特别是传播上要有足够多的资源，以将这一定位深深地植入顾客的心智中。

餐饮大决战的威力 = 位置 × 兵力 × 节奏

餐饮大决战的威力如何，由决战位置、投入兵力、战略节奏这三个关键因素决定。这三个因素之间相辅相成，相互制约，缺一不可。以战争为例，有时候选择在哪里进行决战由兵力决定，在兵种和武器装备与敌军相同的情况下，如果你的兵力比敌军多十倍，就要对敌形成合围之势，那么你的决战位置就要选择在能包围住敌军的地方，同时你的战略节奏把控、兵力调动也不能慢了，要防止敌军提前撤退。如果你的优势兵力是步兵，敌军是骑兵，你就要避免选择在开阔的地方决战。在赤壁之战中，曹操大败的主要原因是选错了决战位置，他选择了曹军身为北方军队不擅长的水战。关于决战位置、投入兵力和战略节奏之间如何达到理想的平衡，《孙子兵法》中关于“五事七计”“十则围之”等论述可提供借鉴。

位置选择决定决战结果胜负

大决战首先要找到一个正确的位置，这个位置就是决战的地点。好的位置往往竞争对手也会看到，如果判断竞争对手太强，没有胜算，就要果断放弃这个位置，考虑寻找新的位置。比如，当年互联网团购领域的“千团大战”，最多时有数千个竞争者在场，最终胜出的只有一个美团。大家都看到了互联网团购领域的无限可能，但大多数公司是没必要入场的，因为根本没有胜算，参战之初就注定了“炮灰”的命运。《孙子兵法》的核心思想之一就是“先胜而后求战”，先确定能胜利再去战斗，不是“先战而后求胜”。大决战无法避免，一个有巨大价值的定位，的确值得投入巨资去下注，但下注之前要评估有多少胜算。

餐饮企业要研究竞争环境，找准并研究竞争对手，搞清楚顾客认知，评估自身实力，之后综合多个因素确立真正属于自己的优势位置。特别是餐饮创业者，如果看到某个赛道热就盲目进入，开始可能还有红利可图，但行业巨头开始整合市场的时候，大批跟风者就被扫地出局了。选择大决战的地点，要看这个位置有没有能力拿下来，如果实力不够，机会就不属于自己。比如，奶茶行业经过几年的竞争，一边是几大巨头厉兵秣马、融资上市，一边是无数小品牌门前冷落、关门大吉。

被称为火锅黑马的巴奴毛肚火锅，当年创业之初也经历过模仿海底捞的阶段，结果是越模仿生意越差，直到找到“毛肚火锅”这个位置，高举“产品主义”的旗帜，与海底捞形成独特的差异化之后才开始腾飞。餐饮界都说“海底捞你学不会”，不是学不会，而是学会了也做不到。因为海底捞已经占据了“服务”这个位置，而且它的一切战略投入都聚焦于服务，别的品牌再想夺取这个位置就千难万难。如果非要强攻，注定会徒劳无功。综观火锅行业，凡是获得成功的品牌都是找到了独特的优势位置。除了海底捞和巴奴毛肚火锅，呷哺呷哺小火锅、周师兄大刀腰片火锅、佬土鹅肠火锅等，也都是找到了各自的差异化位置而获得快速发展。正确的位置是大决战走向胜利的起点，位置找错了就会陷入全面被动的局面。

兵力投入决定决战成果大小

确定了决战地点之后，就要投入足够多的兵力确保胜利的最终实现。如果兵力投入不足，可能会功亏一篑或陷入胶着的拉锯战。几家实力旗鼓相当的选手角逐的时候，往往最耗费兵力。当年的“共享单车大战”，摩拜、ofo小黄车等背后是腾讯、阿里巴巴等旗鼓相当的金主，双方都投入了巨大的资金，导致大战持续了很长时间，最终多败俱伤，没有大赢家。为了取得最终的胜利，应该不惜投入超过常规配置的兵力，宁可“浪费”，不可不足。人类战争史上很多的战例是兵力更多的一方获得胜利，我们所津津乐道的都是那些以少胜多的案例，但这并不是常态，是小概率事件，不能将胜利寄托于奇迹发生。

关于广告投入有一句流传甚广的话：“我知道我的广告费有一半浪费了，但是我不知道是哪一半。”事实真的如此吗？有很多人都被这句话所误导，想省下浪费的那一半。这是一个很危险的误区，如果抱着想省一半的做法投广告，最终的结果往往不但省不了，反而会全部浪费掉。我们试想一下，如果你是一位将军，你会认为你投入的兵力有一半是浪费了吗？你是不会的，因为无数的战例都验证了兵力原则。广告也是如此。广告的效果就在于压倒性的投入，有些品牌的广告投入的确有浪费现象，它们的广告费浪费了一半甚至更多，但浪费不是因为投入的数量过多，而是因为输出的内容错误。如果广告没有传达有价值的定位，或者传达了错误的定位或不精准的定位，就会白白浪费广告费。

投入足够的兵力向决战之地发起猛烈进攻，尽早结束战斗，才能取得更大的战略成果。《孙子兵法》说：“十则围之，五则攻之，倍则分之……”其核心思想是创造兵力优势的局面，同时也揭示了不同兵力取得的战果也是不同的。十倍兵力的时候就要对敌形成包围之势，战略目的是力图全歼敌军；五倍兵力的时候就要主动向敌人发起进攻，尽可能地杀伤敌军，瓦解敌军的有生力量；两倍兵力的时候就要想办法把敌军分开，一点点消灭。由此可见，兵力投入的多寡决定了战略成果的大小。

海底捞在服务方面的投入是其他品牌望尘莫及的。为了服务好顾客，配备了更多的服务员，提供美甲、擦鞋等多项增值服务；而为了支撑这些前台的服务，后台的建设投入更大。巴奴毛肚火锅在毛肚和产品方面同样投入巨大，为了保证产品品质，自建底料工厂、中央厨房，研发创新毛肚发制工艺，开发新的火锅食材，等等。丰茂烤串为了“羊肉现穿才好吃”，全部门店明档穿肉，配置专业穿肉师傅，在内蒙古苏尼特草原设立羊肉专供基地，等等。这三个品牌之所以能成为各自领域的头部品牌，是因为除了找到了正确的位置，还针对这一位置进行了压倒性的投入。

战略节奏把控决定决战进程

兵力法则除了数量多寡的维度，还有时间的维度，战略节奏体现的就是在各个战略阶段的兵力投入。定位理论的另一本奠基之作《商战》中最后一句话引人深思：“战略和时机是商业竞争的制高点，其他方面都不重要。”这句话的一个关键点就是“时机”对于商业竞争的重要性。早在战国时期孟子就提出了“天时、地利、人和”，同样揭示了选择时机的重要性。飞机在起飞阶段，需要加大马力才能成功起飞，而飞到高空之后降低马力也能保持飞行。不同的战略阶段，资源投入要求会有所不同。因此，战略节奏就是要在适当的时机针对适当的位置投入适当的兵力。

麦当劳当年为了率先抢占市场领先位置，不惜借高利贷，迅速开店并投入巨额广告费用。因为麦当劳在竞争的关键时机敢于孤注一掷地投入，才一举占领了汉堡业的优势位置，结束了汉堡大战。黄焖鸡米饭曾一度火遍全中国，但直到今天也未竞逐出一个强大的品牌。其根本原因在于，在该品类发展最为迅猛的阶段没有一家品牌通过加大投入率先奠定市场地位，没有一家品牌占据全国消费者的心智。这是典型的战略节奏失控，导致品类发展超过品牌发展。黄焖鸡米饭泛滥，良莠不齐，没有强势的主导品牌引领品类发展，最终导致品类逐渐边缘化、低端化。如今黄焖鸡米饭品类还广泛存在，也有一个相对领先的品牌叫作“杨铭宇”，但其品牌势能远远不能匹配品类规模。如果杨铭宇能把控好战略节奏，是有机会成长为中国餐饮领域的强势品牌的。

战略节奏是企业战略计划的重要环节，要根据战略发展阶段来把握节奏快慢，太快和太慢都不妥。相较于杨铭宇，中国很多餐饮企业的战略节奏太快，全国布局，多点开花，结果是在任何一个市场都没有形成领先优势，还美其名曰“全国连锁品牌”。这是最不合适的战略节奏。还有一种情况是，不少餐饮品牌都有自己的根据地市场，但它们低估了根据地市场的潜力，高估了自己在根据地市场的品牌势能，从而过早地进入全国市场，且分散在多个城市开店。由于品牌势能蓄积不够，外部市场没有认知优势，经营因此陷入困境，而根据地市场给竞争对手以可乘之机，最终首尾不能相顾，经营捉襟见肘。

老乡鸡当年也有过冒进的情况，很早就进入北京，因时机不合适被迫撤出，后来聚焦安徽发展，形成足够的品牌势能、准备充足的资源之后才逐步向武汉、上海等市场发展，从而成长为中式快餐的头部品牌。丰茂烤串在和我们合作之前同样面对战略节奏失控的局面，开放全国加盟，同时直营店进入多个市场。丰茂烤串过早向全国扩张的结果是管理难度加大，加盟商经营困难，创始人带着总部团队到处“救火”。重新梳理战略之后，丰茂烤串逐步收回加盟店，夯实延吉大本营市场，聚焦北京、上海两大核心市场，后来又进一步聚焦北京市场。聚焦并没有影响丰茂烤串的发展速度，反而在短短的两三年时间营业收入翻了几番。

本章小结

大决战威力三要素

位置、兵力和节奏

CANYIN
DAJUEZHAN

第三部分

03

定位篇

第10章　餐饮定位方法论
——三维四步餐饮定位法

战略定位思想的基本逻辑是“从战术上升到战略”，即首先找到一个有利的战术，之后围绕这个战术进行一系列的战略部署，以确保战术的成功。战略定位在企业的实际运用也是如此，即首先找到一个有利的定位（战术），之后以这个定位引领企业战略。餐饮大决战，位置是关键。要先胜而后求战，先找到一个可以胜利的位置是前提。作为战略定位咨询的专业机构，针对如何为餐饮企业找到大决战的正确位置，即定位，“凯中凯”总结出一套工作方法，称为“三维四步餐饮定位法”。

三个研究维度

传统的战略思想是“由内而外”地制定战略方案，它的逻辑是从企业自身的意愿出发，首先确定一个阶段目标，然后针对目标制定“三年五年”战略规划，之后把大目标细分为一个个小目标，针对小目标再制定实施方案。在此逻辑下，“定位”只不过被当作其中的一个战术，而且往往这个定位要服从战略目标。

真正的定位思维与之相反，是“从外而内”地去审视战略。首先忘记自己，再去看整个行业的发展概况、竞争环境、竞争对手，之后要研究顾客，搞清楚顾客认知和顾客需求等，最后才是评估企业自身资源情况。全面研究竞争对手、顾客认知和企业自身三个维度之后，才能确立适合企业的定位，然后根据定位制定企业战略。

餐饮大决战是品牌与品牌之间的竞争，因此研究竞争环境也是以企业的品牌为主体。研究品牌所处的竞争环境，具体包括品牌所属餐饮品类的发展状况、品类属性、品类趋势、竞争形势等诸多方面。

竞争对手

中国餐饮行业还有很大的发展潜力，可以说还是“朝阳行业”，不必担心行业发展前景问题。然而，品牌自身所处的餐饮品类需要深入研究，要审视该品类是处于发展初期、成熟期还是衰退期。不同品类阶段都会影响品牌战略的制定。品类属性也是考量因素，是中餐、快餐还是小吃？品类在不在趋势上？有没有发展前景？看品类趋势，要研究消费趋势、行业供应链、政策法规等因素。比如牛蛙品类，备受一部分年轻人的喜欢，但也有很多人排斥吃牛蛙，目前牛蛙品类在餐饮中的占比比较小，未来有多大发展潜力还未可知。牛蛙养殖产业因环境问题受政策限制，因此养殖规模受到一定的制约。这些问题都是需要牛蛙产业相关的各大企业去积极面对的。关于品类发展状况、品类属性、品类趋势方面的定性研究需要针对某一具体品类进行，而且大多数问题都有广泛共识，也有很多专业餐饮研究机构提供专业报告，在此不过多讨论。

分析品牌面临的竞争形势，主要研究两个问题：一是界定品牌的主要竞争对手是谁，二是明确顾客选择竞争对手的理由是什么。在界定竞争对手的时候，通常会遇到以下三种情况：一是感觉竞争对手有很多，不是某一个竞争对手；二是觉得没有具体的竞争对手；三是认为不需要界定竞争对手，做好自己就可以。竞争无处不在，而且一定存在主要的竞争对手。之所以难以清晰地界定竞争对手，是因为它们很多时候都不是明确的某一个品牌。你的竞争对手可能是和你同品类的某一个品牌或几个品牌，也可能是某一个其他品类，甚至是某种观念和习惯。

那么如何界定主要的竞争对手呢？我们需要考量一个核心问题：我能从谁那里争取到生意？具体有以下三个参考维度。

第一，如果你的市场份额已经在品类内遥遥领先，品类内没有大的威胁，就不能把品类内的品牌当作竞争对手，应该把注意力集中在品类之外；如果品类内有强大的进攻者，就要主动防御保持领先地位。

第二，如果你的份额不是品类内最大的，就要考虑将市场领先者作为竞争对手，从它手中争夺市场份额。

第三，如果竞争对手是品类内市场份额比自己大的领先者，要考虑自身是否具有差异化优势，也就是说你能否给顾客提供竞争对手不能提供的独特价值；如果没有差异化优势，你将其作为竞争对手是没有意义的，是不能从竞争对手那里争取到生意的。

界定清楚主要的竞争对手之后，要研究顾客选择竞争对手的理由。不要坐在办公室里分析，最好去一线和真实的顾客交谈，也许得出的答案和你想象的完全不同。也可以把自己当成纯粹的顾客，自己花钱消费体验。

顾客认知

要搞清楚顾客认知，首先要界定目标顾客，其次要搞清楚顾客心智中的“地图”。

目标顾客是谁，不是由我们的主观愿望一厢情愿决定的，也不能按照统计学的方式，通过年龄、性别、学历、收入等这些基础信息来界定目标顾客，要从消费方式、品牌喜好、个性特征等方面去分析哪一类群体最有可能选择消费我们的品牌。比如，中餐品牌的目标顾客可能是需要经常请客吃饭的人群，也可能是家庭聚餐、亲朋好友聚餐等人群；快餐的目标顾客可能是上班族、出租车司机等群体；特色小吃的目标顾客可能是逛街、旅游的人群。

艾·里斯做过一个形象的比喻："要想钓鱼，你就要知道鱼儿是怎么思考的。"要想知道目标顾客是怎么思考的，就要搞清楚顾客心智中的"地图"，具体就是品牌的排序和特性的排序。其中，特性排序就是选择理由排序。顾客有一个需求时是怎么选择品牌的？这些目标品牌的次序是怎么排列的？在选择品牌时，都考虑些什么因素？这些因素的重要、次要顺序是如何排列的？顾客做购买选择时，很自然地会对品牌和特性排序。

顾客心智中的品牌排序很可能就是品牌市场地位的排序，因为排序决定品牌被选择的概率。

比如，外地几个朋友来玩，你要请客吃饭，那么你先要思考的是请朋友去具有本地特色又适合请客吃饭的餐厅，之后你会想哪家餐厅最适合？要是预订不到座位还有哪家餐厅可以去？这就是顾客心中对品牌排序的过程。

顾客选择品牌的时候有哪些参考标准？关注哪些特性？不同的人群结果会有不同。

还是以请朋友吃饭为例，如果你和你的朋友已经是中年人，你就会优先考虑适合请客的本地菜中餐，那么选择中餐品牌时的参考标准就是：它是不是本地最有代表性的？它是不是本地最有品牌影响力的？因为朋友来之前可能会事先了解一下本地特色，如果正好选择了朋友也认可的，那么宾主尽欢。除此之外，大家还会关注，这家餐厅的装修环境好不好？菜品口味地道不地道？服务到位不到位？如果你们是年轻人，可能不会考虑在中餐厅吃饭。因为年轻人可能更喜欢氛围随性的餐厅，而且可能还要考虑预算问题。

企业自身

评估企业自身的经营基础，需要重点考虑两个方面的因素：一是品牌拥有的顾客心智资源，即品牌在顾客心智中的认知；二是企业自身资源实力。企业必须结合这两个方面的因素评估自身实力与优劣势，否则难以得到一个合适的定位，最终导致失败。有些时候从竞争形势或者顾客心智的角度看，可能存在很好的定位机会，比如行业还没有明确的领导品牌，但这个领导地位在你这个阶段有没有实力占据它？如果自身实力不够却强行说自己是领导者，这将导致两种后果：一是顾客根本不信，不为所动，连原来的一点认知差异化也被混淆了；二是顾客冲着你是领导者来体验一下，结果他并没有得到他所期待的，所谓领导者不过如此，令他大失所望。

搞清楚品牌在顾客心智中的认知是关键，有些认知包含了品牌真正的差异化优势，它是顾客优先选择你而不选竞争对手的理由。顺应这个认知并持续强化它，有利于扩大你的竞争优势，竞争的天平将逐渐朝着有利于你的方向倾斜。比如，我们在上海的一个做茶饮的客户桂桂茶，我们调研后发现，顾客对它的冻柠茶和鸡蛋仔认知度最高，评价最好，事实上这两大产品所占的销量也是最大的。我们就基于这个认知优势，提炼出“冻柠茶和鸡蛋仔，桂桂茶两大特色招牌”的定位诉求。全面输出这个诉求之后，这两大招牌产品销量进一步提升，认知也进一步强化了。

确立定位机会的时候一定要着重考量以下几个因素：企业实力允不允许，资金储备是否充足，产品力如何，组织力如何。如果桂桂茶的冻柠茶没有其他品牌的品质好，那么输出这个定位一定会适得其反，因为到处都是茶饮店，顾客在别家也能喝到，很容易验证哪家的最好喝。

四个实施步骤

当前，中国餐饮市场繁荣，竞争激烈，行业变化迅速，餐饮企业需要密切关注竞争变化，审视自身战略。适时进行战略调整，将有利于抓住新的定位机会，更好地应对竞争，从而获得品牌的快速发展。根据我们十年的餐饮咨询经验，制定企业战略定位的实施过程大体分为以下四个步骤。

第一步：实地考察市场

一方面，我们通过长期研究餐饮行业的竞争，观察餐饮品类发展趋势，对餐饮行业的宏观竞争形势已有整体的认知。餐饮企业家在做好日常经营管理的同时，也需要抽出时间和精力关注外部竞争环境的变化。另一方面，我们会进一步研究企业品牌所处的餐饮品类，通过实地考察企业、走访市场进一步了解当前的竞争形势以及企业的实际情况。

第二步：调取顾客认知

及时掌握顾客认知非常必要，一方面可以通过顾客的反馈掌握品牌的实际经营情况，及时做出优化。比如，如果有顾客评价产品问题，就要迅速查清楚是哪个环节出的问题，究竟是门店制作的问题还是供应链的问题？如果任其发酵可能会被媒体曝光，将个例发展成公关危机。很多餐饮品牌被曝光有食品安全问题就是没有及时关注顾客的反馈。另一方面，顾客认知可能蕴含品牌真正的差异化竞争优势，如果能及时推动，将成为一个正面公关机会。

调取顾客认知可通过长期查看大众点评、购买行业报告、关注媒体资讯、顾客调研等途径来进行，不但要调取品牌自身的认知，也要调取顾客对行业、对竞争品牌及其产品等方面的认知。

第三步：评估企业经营

我们进行餐饮项目咨询时，会通过与企业团队访谈调研，进一步了解企业各方面的信息，对企业经营基础进行深入的评估分析。着重考量企业的管理效率、执行力、产品力、资金储备、渠道资源、媒体资源等。

第四步：确立战略定位

根据前三个步骤所收集的信息，我们将集中在一个时间段集体研究战略，制定成熟的方案后，形成战略定位报告。

通过三维四步的研究，最终得出餐饮品牌的战略定位方案。如何验证定位是否成立？可以提出以下四个问题。

这个定位是否符合顾客认知？

这个定位是否具有独特的竞争优势？

这个定位是否被竞争对手率先占据了？

这个定位是否有能力、有资源占据？

如果答案是否定的，那就不是一个适合的定位，需要重新调整。

本章小结

三维四步定位法

精准定位是关键

第11章　餐饮定位的五种方法

应该选择哪种定位方法，由企业所处的战略形势决定。无论哪种定位方法，都是为了更好地抢占一个有利的定位。按照三维四步餐饮定位法，搞清楚竞争对手、顾客认知、企业资源等关键信息之后，有五种定位方法可以选择。

第一种：抢先占位

在顾客心智中，每一个品类都存在价值阶梯，想要成功地打造品牌，就要善于发现那些没有被品牌占据的空位，然后迅速地占据这个心智资源。最有价值的是品类价值阶梯的最高一层，一旦被你占据，你将获得绝对优势。如果最高层已被占据，就优先占据第二层。邓德隆讲道：“一旦占据了心智资源，对竞争对手的压力不但是灾难性的，而且是长期性的。”

发现空位，抢先占位。抢先占位有三个考量因素：首先要研究清楚品类阶梯存在哪些特性价值，要避免陷入“假阶梯陷阱”，去占据那些根本没有价值的特性，比如“减肥牙膏”“美容火锅”等；其次要确定所要占据的位置没有被其他品牌占据，如果那个位置有强大的品牌把守，就要找其他空位；最后要评估自身有没有实力占据这个位置。

根据品类竞争形势，抢先占位分为两种情形：一是有品类、无品牌，抢占品类；二是单品类、多特性，抢占特性。

有品类、无品牌，抢占品类。品牌的最大价值是代言并主导这个品类，抢占品类成为品类代名词的关键是第一个进入顾客心智。第一个进入顾客心智的品牌就占据了心智阶梯的最高层。此外，还要研究品类有哪些特性，选择占据最有价值的那个特性。第一个进入顾客心智的品牌就相当于建立了自己的“护城河”，占据最有价值的特性就等于在护城河中放进了“鳄鱼”，竞争壁垒将坚不可摧，竞争对手只能望洋兴叹，绕道而行。比如海底捞，它不是第一个做火锅的，但它是第一个进入全国顾客心智的火锅品牌，并携带“服务”这个价值一起进入顾客心智。海底捞成了火锅的代名词，顾客经常会说“吃海底捞去”。麦当劳、肯德基，那些强大的品牌莫不如此。

中国餐饮有很多品类体量非常大，需求稳定，品类内有很多品牌，但大家相安无事，各做各的生意，品类长期缺乏领导品牌。这样的餐饮品类存在打造品牌的绝好机会。

兰州拉面长期处于“有品类、无品牌”的竞争格局。多少年来，全国大街小巷都能看到兰州拉面馆，但很多人都无法说出一个大家都知道的品牌。2021年有媒体报道，资本纷纷入场投资兰州拉面，主要投资马记永、陈香贵和张拉拉三个品牌，其中两个估值都是十亿级，最少的也估值几个亿。

面条是中国重要的主食之一，中国的面条犹如美国的汉堡。兰州拉面在面条中属于很大的品类，可以容纳若干强大的品牌，资本正是看到了兰州拉面品类中存在打造品牌的巨大机会。资本姗姗来迟，但还是来了。黄焖鸡米饭就比较遗憾，当年品类最火的时候没有品牌趁势而起，代言并引领品类发展。品类衰弱之后再去打造品牌，付出更大的投入都不一定能够成功。中国的面食种类丰富，面条也只是面食的一种。除了兰州拉面，中国面条品类还有很多，如重庆小面、陕西油泼面、山西刀削面、河南烩面、武汉热干面等。仅仅是面条品类就有很多打造品牌的机会，餐饮创业者要善于发现空位，抢先占位。

大品类、多特性，抢占特性。抢占特性的前提是这个品类足够大，并存在多个有价值的特性，不能凭空制造特性。值得注意的是，特性不限于产品本身物理层面的特征或特长，产品在市场层面、认知层面的不同和优势等都是一种特性。市场需求很大的品类，都会持续进化，出现很多特性。比如，汽车刚出现的时候只有一个特性，那就是只满足最基本的乘坐需求。随着品类发展进化出豪华、驾驶、安全、速度、省油等特性。餐饮行业很多大品类也是如此，在进化中出现很多特性。很多大品类中的一些特性都被强大的品牌所占据，后进品牌就应避开被占据的特性，选择其他可以占据的特性。其实在大品类中创业并能够成长到一定规模的品牌，往往都占据了一个特性，所以企业要积极思考自己的品牌成功的核心因素是什么，如果是因为占据了一个有价值的特性，那么未来的战略就要围绕这个特性展开。

中国几个大的餐饮品类中，都进化出多个特性，而且在进化的过程中逐渐被品牌占据。占据品类中有价值的特性，是成功的关键。因为在大的餐饮品类中，需求足够大。顾客的需求是多样性、个性化的，比如当喜欢这道菜的人足够多的时候，它就能成为一个有价值的特性。品牌占据了“一道菜”特性，那么所有喜欢这道菜的潜在顾客就会优先选择该品牌。

火锅品类中成功的几个品牌，无一例外都是占据了一个特性。在一个大的餐饮品类中，核心的几道菜品可以成为几个特性。除海底捞占据“服务”外，巴奴“毛肚”、周师兄“大刀腰片”、佬土“鹅肠”等都是占据一道菜。

在烤串品类中，丰茂烤串从加工方法维度占据了“现穿”的特性，很久以前占据“羊肉串”、管氏翅吧占据“烤鸡翅”，这后两者占据的是菜品特性。

在湘菜品类中，费大厨占据“辣椒炒肉”、炊烟占据“小炒黄牛肉”、坛宗占据“剁椒鱼头”等，长沙本地也有不少主打一道菜的知名品牌。在成都川菜品类中，主打辣子鸡、回锅肉等川菜招牌菜的品牌也不在少数。

粤菜也是一个大品类，有主打茶点的“点都德”、商务宴请的“翠园”等，这是场景的特性。还有以菜品分化出来的特性，如烤乳鸽、烧腊、炖汤等。我们服务的“尚一汤广东炖汤”就是以炖汤为特色的粤菜品牌。

茶饮品类也是如此，柠檬茶、杨枝甘露、烧仙草等热门产品都成为品牌争夺的特性。

餐饮品牌定位，着重考虑抓住最大的机会。运用抢先占位的定位方法，是占品类还是占特性，要根据自身实际情况而定，切勿陷入“定位就是一道菜”的误区。当你有机会占据整个菜系，你却只占据了一道菜，那就给竞争对手留下了巨大的空间。当然，占据菜系也需要打造招牌菜产品，这是另一个课题。

第二种：分化品类

随着需求的增长和变化，品类一方面会进化出很多特性，另一方面必然会走向分化。品牌必须关注品类的分化路径，及时把握品类分化带来的新机会。从老品类分化出的新品类有可能代表未来的趋势，如果不能及时把握这种趋势将面临被淘汰的命运。领导者可以利用品类分化进行防御，及时推出新品牌以把握分化出来的新品类；跟随者可以利用品类分化侧翼进攻领导者。比如，当年的手机品类分化出智能手机的时候，诺基亚作为全球手机霸主并没有及时推出新品牌进行防御，苹果则及时推出 iPhone，最终取代了诺基亚。

火锅是中国餐饮最大的品类之一,一边进化出很多特性，一边分化出新的火锅品类。比如，呷哺呷哺分化出“一人食小火锅”并大获成功，一度成为市值仅次于海底捞的又一火锅巨头。火锅赛道还分化出串串香火锅、美蛙鱼头火锅、卤味火锅、鱼火锅等多个新品类，呈现出多种不同的分化路径。以上这些还只属于川渝麻辣火锅，中国火锅大家族还有北方的铜锅涮肉、南方的打边炉、西南的酸汤鱼火锅等。

餐饮品类的分化路径除了从器皿大小、产品形态、产品种类、烹饪方法等分化，渠道方面也是一种分化路径。比如外卖渠道，海底捞推出“火锅外送”，其实正确的做法应该是用新品牌推出“外卖火锅”，而不是“火锅外卖”。前者是一个新物种，它是基于外卖这个环境而生的；而后者还是原来的物种，只是多了一个外卖渠道。外卖火锅应该按照适合外卖的逻辑来配置外卖店铺、产品、客单价、配送范围等，以与潜在目标顾客匹配。因为海底捞本来就不是做外卖火锅的品牌，它代表的是堂食服务最好的火锅，如果用海底捞品牌做外卖，就失去了它最大的优势。丰茂烤串则在2020年新冠肺炎疫情发生后，及时推出了新品牌“串道家”，专营外卖烤串业务。“达美乐比萨”“曼玲粥”“台资味卤肉饭”等都是利用外卖渠道分化而成功的品牌。

第三种：开创新品类

艾·里斯在《品牌的起源》一书中指出，品类是商业界的物种，是隐藏在品牌背后的关键力量，消费者“以品类来思考，以品牌来表达”，分化诞生新品类，进化提升新品类的力量。他进一步指出，企业唯一的目的就是开创并主导新品类，苹果公司正是开创并主导新品类取得成功的典范。

分化品类这种定位方法，在老品类中分化出新品类，是一种开创新品类的方法，还有一种方法是利用新技术、把握新需求而开创新品类。比如，液晶技术出现后就有了新的电视品类“液晶电视”，投影技术成熟后就有了只需要投影仪和幕布的“无屏电视”，电动技术成熟后有了电动汽车“特斯拉”的崛起。

对于餐饮品类而言，新的烹饪方法算是一种新技术。利用新的烹饪方法开创新品类，被百胜集团收购的中国餐饮品牌“黄记煌三汁焖锅”是一个代表案例。不同于传统火锅都是在锅底烫涮食材，边涮边吃，黄记煌三汁焖锅是将食材和调制好的酱汁一起在锅里焖制，锅底也没有过多的汤汁。黄记煌三汁焖锅通过新的烹饪方法，为顾客提供了一种不同于传统火锅的味道和用餐体验，开创了三汁焖锅新品类。

商业演化、市场变化都会产生新的需求，新需求的出现就是开创新品类、打造新品牌的机会。从品类分化角度来看，“达美乐比萨”“曼玲粥”“台资味卤肉饭”等专注外卖渠道的餐饮品牌都是分化开创新品类，也可以看作利用新增的外卖新需求开创了新品类。如今，人们都非常注重健康，对食物热量的摄入严格控制，这一新需求的出现催生了很多素食、轻食沙拉餐饮品牌。

第四种：关联定位

当品类阶梯中最有价值的位置已经有品牌占据，只要和这个品牌产生关联就能“借力打力”获得成功。关联定位的基本原理是，顾客在产生某种消费需求的时候，心智中的小阶梯首先浮现出第一选择，因为我们和第一选择产生了关联，顾客也能马上想到我们。关联顾客心智中强大的地标，可以让我们穿透竞争屏障迅速进入顾客心智，但这只是取得成功的第一步。要建立真正强大的定位，还要告诉顾客我们和他的第一选择有何不同。关联定位只是一个过渡性的、阶段性的定位，需要根据战略形势变化做出调整。

七喜的“非可乐”战略、蒙牛的“争做中国乳业第二品牌”等，都是运用关联定位的案例。

郑州火锅品类最疯狂的时候，有数千家火锅店，郑州也因此被称为“中国火锅副都”，而当时的巴奴毛肚火锅还声名不显。在竞争白热化之时，巴奴毛肚火锅凭借一句“服务不是巴奴的特色，毛肚和菌汤才是”关联海底捞，迅速在火锅的“红海”中脱颖而出。

第五种：为竞争对手重新定位

当品类阶梯中最有价值的位置已经有品牌占据，除了和这个品牌产生关联，还可以对它进行重新定位，以达到取而代之的目的。重新定位的关键是针对竞争对手强势中的弱点，为它贴上一个“标签”，而你的品牌没有这个弱点，顾客有消费需求时，想到领导品牌的同时会立刻想到你，你就有了替代领导品牌的可能。决定取代领导品牌时要注意以下三点：一是实力不足时不能实施，二是不能攻击领导品牌的非战略性弱点，三是避免暗示性攻击。

实力不足而攻击领导者品牌有很大风险，当年五谷道场迅速崛起和衰落就是这方面的典型案例。五谷道场提出“非油炸，更健康”，将康师傅、统一等方便面巨头重新定位为“油炸的，不健康的”。这个攻击性策略的确非常有效，五谷道场获得高速成长，但遗憾的是它由于生产管理方面的不足，出现了质量事故，加之遭到巨头们的联合“封杀”，导致资金链断裂，最后走投无路被迫“卖身”。

攻击领导者非战略性弱点是无效的，百事可乐当年以“花同样的钱，买双倍的可乐”向可口可乐发起进攻，销量迅速提升，但可口可乐降价之后，百事可乐的攻击就失效了。云南白药创可贴的“有药好得更快些”

就打到了邦迪创可贴的战略性弱点。在顾客认知中邦迪创可贴不含药物，而云南白药创可贴自身占据“消炎止血”的心智资源，顺应顾客认知，所以它成功替代了邦迪创可贴，最终成为中国创可贴品类第一名。

汉堡王“烤而不炸”的战略是针对麦当劳汉堡的牛肉饼是油炸的，遗憾的是汉堡王没有坚持这个战略。中式快餐的头部品牌之一真功夫“营养还是蒸的好”，就给麦当劳、肯德基等西式快餐贴上了“油炸”的标签，顾客会认为油炸食品不健康，而且油炸的高温会破坏食物营养和膳食纤维。当顾客想吃麦当劳、肯德基的时候就会想到“我又吃油炸食品了”，这时候如果旁边就是真功夫，他可能就选择真功夫了。

丰茂烤串“羊肉现穿才好吃”，一方面占据了烤串品类中“现穿”的特性，另一方面为其他烤串品牌贴上了“不是现穿”的标签。顾客去其他品牌吃烤串的时候，就会想这家烤串不是“现穿”的，下次我要去丰茂烤串吃“现穿”的烤串。

2020年，巴奴毛肚火锅将诉求调整为“服务不过度，样样都讲究”。从战略角度来看，巴奴毛肚火锅的战略从侧翼战转变为进攻战。定位方法从原先的关联定位转为重新定位，将海底捞重新定位为“服务过度”。我们认为，这个攻击的点是非战略性弱点，也是一种暗示性攻击。虽然有很多网友吐槽海底捞服务过度，但海底捞只需要将服务的具体标准加以调整就可以了。海底捞后来推出的“免打扰服务”就有效地规避了“服务过度”的问题，也是对服务的一种升级和进化。在我们看来，“服务过度”是个伪命题。事实上，服务是餐饮消费的刚性需求，而大多数餐饮品牌都经常存在服务不足的情况，好服务是构建餐饮品牌的“护城河”。如果企业资源实力足够强大，火锅之外的餐饮品类，尤其是中餐品牌也可以围绕服务来构建战略。

本章小结

根据竞争形势和实力

五种定位方法可选择

第12章 名字才是品牌最大的差异化

定位最新的定义是“如何让你在潜在顾客的心智中与众不同”。前面五种定位方法讨论的就是“让你与众不同的方法”，而什么是“与众不同”？自1969年提出定位观念之后，特劳特总结了30年的定位实践，在《与众不同》一书中指出差异化定位的九种形式。这种差异化，也就是“与众不同”。我们认为，名字是品牌最大的差异化，名字关乎品牌生死。因此，在谈差异化概念之前，我们先谈谈名字的问题。

《定位》一书中讲道：“名字就像钩子，把品牌挂在潜在顾客心智中的产品阶梯上。在定位时代，你能做的唯一重要的营销决策就是给产品起什么名字。”《定位》是定位理论的奠基之作，书中关于名字的问题占了很大的篇幅，可见特劳特和里斯两位定位的开创者对名字的重视。我们之前也写过关于品牌名字的问题，我们认为：“名字对了，战略就对了一半；名字错了，战略就错了不止一半。”如果说好名字是进入心智的钥匙，不好的名字就是进入心智的绊脚石。

一个品牌名字的好坏，直接决定了品牌在潜在顾客端的识别成本、记忆成本和传播成本。只有品牌名字易于识别，顾客才可能有兴趣了解你。难以识别的名字会让顾客产生陌生感、距离感，更别说让顾客记住你、传播你了。你知道“蝌蚪啃蜡、本茨、巴伐利亚”都是什么名字吗？没错，它们分别是可口可乐、奔驰、宝马曾经用过的名字。前后名字的差别是不是犹如“丑小鸭和白天鹅”的差别？在中国的文化背景中，这三个品牌的成功与它们拥有的好名字是分不开的。

关于品牌取名、品类命名，冯卫东在《升级定位》一书中做了系统的总结。我们以此为框架来谈谈关于餐饮品牌名、品类名的问题。

品牌起名四要

品牌反应

一个好的品牌名要有“品牌反应”，就是品牌名听起来要像一个品牌名，而不是像一个通用名词，也就是说品牌名不能听起来像品类名。比如“沙县小吃”，虽然它确实是当作品牌名来用的，但它的意思是指“沙县的小吃”，它确实来自沙县，也是小吃。还有“金华火腿”“德州扒鸡”等，这一类品牌名会让顾客产生疑惑：这是哪家品牌的沙县小吃？这个金华火腿怎么没有牌子？这个德州扒鸡是什么牌子的？

这一类具有通用名词属性的品牌，只有“南京大牌档”规避了“品牌名品类化陷阱”，因为“南京大牌档”在全国各地的门店有统一的外观，市场上也没有各种各样的“南京大牌档”，所以它看起来是独一家的连锁品牌。

“解家河南菜”这样的名字专属性很强，它是“解家”河南菜，而不是“张家”“王家”。“徐记海鲜”等姓氏加后缀的这一类名字就是有品牌反应的专属品牌名。

定位反应

好的品牌名还要有“定位反应”，就是品牌名可以让顾客猜到大概是什么品类，具有什么特性或价值。简言之，就是品牌名要“寓意品类或体现特性”。

如果品牌名可以寓意品类，顾客知道你的品类后就会产生认同感，认为你做这个是“名正言顺”的。比如“尚一汤广东炖汤”，且不论这个名字听起来怎样，单看名字中带着“汤”字，那顾客自然认为做的就是与汤有关的品类，顾客再一看“广东炖汤”就不会感到意外。如果名字是“尚一汤粤菜”，顾客就会感到不那么和谐。

那些可以引起顾客联想和认同的品牌名不在少数，比如丰茂烤串，顾客会联想到“水草丰茂，牛羊成群”；木屋烧烤，顾客会联想到“在森林的小木屋前，燃起篝火，烧烤一定很美味”；桂小厨广西菜，顾客会联想到“山水如画的广西，美食应该也不错”；费大厨辣椒炒肉，顾客会想“大厨炒的，一定好吃”。再看看“同新辣椒炒肉”怎么样？没错，“费大厨”以前叫“同新”，我们建议改掉“同新”这个名字，才有了后来的“费大厨”。此外，太二酸菜鱼、茶颜悦色、大张烙馍村、7分甜杨枝甘露、老乡鸡、蜀大侠火锅、蛙小侠铁锅牛蛙等，都是可以产生定位反应的品牌名。

缺乏定位反应的名字很难让我们记住，一个具有相反定位反应的名字“俏江南”却深深刻在了顾客的脑海里，它会让人误认为是江浙一带的菜系，但它实际上是川菜。带有负面含义的名字就更不可取，餐饮中诸如“胖子面馆”“傻子烧鸡”这样的名字最好规避。

易于传播

品牌名要易于传播。让顾客记住、有反应或有好感的名字会更容易传播。前文所说的有品牌反应和定位反应的名字都是易于传播的好名字。

易于传播的品牌名字第一个属性是“听音知名”，这样的名字往往是由常用的字词组成，一听就知道是哪几个字。比如，“大张烙馍村”“很久以前羊肉串”这样的名字，就比较容易听出来是哪几个字。“渔语鱼”这样的名字，听起来会让人一头雾水，不知道具体是由哪几个字组合在一起的。餐饮品牌可以自查一下，看看有多少人第一次听到你的品牌名时会提问是哪几个字。

品牌名要避免生僻字，如果有生僻字，不但听起来不知道是哪几个字，有些字顾客根本就不认识。比如，昶（chǎng）丰、犇羴鱻（bēn shān xiān）。

易于传播的品牌名字第二个属性是“简短”，汉语的品牌名最好是两个字或三个字。简短不意味着越短越好，一个字的品牌名读起来就比较别扭。比如，“姚酸菜鱼”后来改为“姚姚酸菜鱼”。字太多又无法简化的名字，说起来就很费力气，像“鱼你在一起酸菜鱼”。那些说起来不顺口又费力的名字，就失去了很多被转介绍或被谈论的机会。

《定位》一书中指出：“压头韵也是个行之有效的命名策略，因为这样的名字更易记。品牌名和人名都可以这样做。”的确如此，像特劳特、华与华、凯中凯、王中王、碟中谍等都很容易记住，餐饮品牌也可以如此取名。

要想品牌名易于传播，还要避免字母缩写和混合文字。字母缩写的品牌名，既缺乏品牌反应，也缺乏定位反应。如TCL、HTC，既解读不出实际含义，也不顺口。中国餐饮中用字母缩写的品牌倒是不多见。有一个品牌名字是字母和中文混合的例子，就是U鼎冒菜。混合文字的名字既不能让听者准确识别，也没有明确的含义。最重要的是，顾客在大众点评等平台搜索的时候非常麻烦，这就失去了很多被顾客选择的机会。

避免混淆

品牌名要避免混淆，就是要避免和品类中的领先品牌或其他品牌有相似的名字。这样容易相互干扰，弱势品牌会被认为是仿冒者，得不偿失。

很多企业不但喜欢跟风热门品类，而且还热衷于模仿行业领先者的名字。这种情况在很多领域“泛滥成灾”。比如，珠宝黄金领域有周大福、周大生、周生生、周六福等至少十几个品牌，围绕“周”“大”“福”几个字组合成相似的名字；快递行业有中通、圆通、申通。再看看餐饮行业品牌名的混淆情况。

火锅品类曾一度疯狂泛滥的各种“板凳火锅”，有长板凳、宽板凳、短板凳、小板凳等。

粥品类的“宏状元”中了“状元”之后，后面的“状元”就如雨后春笋般地出现了。大众点评上仅郑州一个城市就能搜出福状元、金状元、心状元、谷状元等多家门店，这只是粥类的。除了粥类，还有不少“状元”，如豆状元、蟹状元等。“状元”本无错，错在“状元”太多了就不稀罕了。

还是郑州，胡辣汤品类有方中山、方大同、方一坤、方秀华、方永结等，好像不姓方就不能做胡辣汤。当然，郑州并不是所有胡辣汤都起了“方某某”的名字。

还有更多的“肯德基的中国兄弟们”。据媒体报道，模仿KFC的门店已经凑齐了26个字母。

除了模仿别人而造成行业品牌之间的混淆之外，还有品牌“自己与自己混淆”的情况。比如，有个做煲仔饭的品牌叫“仔皇煲”，容易被混淆为“皇煲仔”，总之就在那三个字之间错位。后来“仔皇煲”也意识到了这个问题，现在改名为“煲仔皇”，并在大众点评的店家头像上标注了“煲仔皇=仔皇煲”，但“煲仔皇”仍然不是一个“顺滑”的名字。还有个煲仔饭品牌是“香他她”，也不能听音知名。兰州拉面的“陈香贵”和“马记永”也容易被混淆为“陈贵香”和“马永记”。

品牌取名的“傍大款”现象，体现了企业的战略短视和科学传播知识的缺失。如果已经意识到品牌名有问题，不要犹豫，应该立即行动寻找好名字。可以开动脑筋自己想，也可以发动身边的人群策群力，还可以在商标网购买。不要怕因为改了名字顾客就不来了，如果策划得当，改名字本身可以是一场公关。“肥西老母鸡”改名为“老乡鸡”的时候，已经是安徽很有影响力并形成一定规模的品牌，改名字并没有产生危机，反倒为“老乡鸡”注入了腾飞的动力。然而，改名的前提是要确定改的是一个好名字。

品类命名八字诀

随着商业演化，品类必然分化，开创并主导新品类是打造强势品牌的捷径。开创新品类，必然要给新品类命名。品类命名的好坏，轻则可以影响品类发展速度，重则可以决定品类生死。有时候品类名的选择就是战略的选择，决定企业战略的走向。

“猕猴桃”，听到这个名字是不是就会想到“像猕猴一样毛茸茸的桃子”？如果叫“奇异果”呢？一种很奇异的水果吗？我想尝尝它的奇异之处。“鸡爪”变“凤爪”，价值感也不一样了。开心果、发财树、招财猫等都是因为名称有很好的寓意，让它们成为受欢迎的品类。

顾客接触新品类先从品类名开始，要让顾客听到新品类的名字就能理解你是什么。定位的“心法”就是调动认知的力量，品类命名也要遵循心智认知规律，让新品类迅速进入顾客心智。新品类命名包含四个要点，共八个字，即“有根、好感、直白、简短”，我们称之为“品类命名八字诀”。

有根

品类命名要“有根”，“根”就是新品类是从哪里分化出来的。新品类初期很有必要借助老品类的已有认知来解释自己，比如：汽车刚制造出来的时候，直接说“汽车”就难以理解什么是汽车，解释为“不用马拉的车”就容易理解了；新技术带来的“无绳电话”，它有座机电话的功能，只是没有电话线的麻烦；小天才电话手表，它还是手表，只不过可以打电话。借助老品类的认知来命名，新品类更容易被顾客理解。

火锅是个大品类，分化程度也比较高，我们就先以火锅品类为例。严格来说，分化已经让火锅成为“抽象品类”，但如果说起火锅，品类的第一认知还是川渝火锅。如果是潮汕牛肉火锅、贵州酸汤鱼火锅、串串香火锅等品类的时候，人们说吃火锅会具体说出该品类；而吃川渝火锅一般只说吃火锅，然后才问去哪家店。火锅品类中分化成功的新品类都遵循了“有根”这个要点，潮汕牛肉、贵州酸汤鱼、串串香、椰子鸡、一人食的小火锅等都还是火锅，只要说起火锅，顾客就知道它最基本的食用方式没有改变。

长沙有一家湘菜馆曾经想把品类名切换为“肉炒肉”，“肉炒肉”是它的招牌菜，当地很多顾客也很清楚它家的“肉炒肉”是什么，后来这家湘菜馆的创始人询问我们的意见，我们否定了这个品类名。因为这个名字会让新顾客一头雾水，而且容易让人产生疑问：“肉炒肉”会不会非常油腻？还有“融合菜”这一类的命名，也无法传达出精准有效的信息。

好感

品类名要有“好感”。“好感”一方面是有好的联想，另一方面是有好的价值。中国餐饮分化新品类的命名方式最常见的有两种：一种是“食材+老品类”，另一种是“烹饪方法+老品类”。

“食材+老品类”。有些看起来是新品类，其实只是给老品类加上一个定语，体现出这个品类的一个特性的差异化，并不属于分化的新品类，但很有必要按照新品类的方式呈现在门店门头等重要的传播载体上。按照新品类的方式呈现，不会让顾客误认为它是全新的品类。比如，“毛肚火锅”不会让顾客认为它是只提供毛肚的火锅店，顾客只会认为它是以毛肚为特色的火锅店；“虾仁水饺”也不会让顾客认为它是只卖虾仁的水饺品牌。这种命名方式可以让顾客第一时间确定这个品牌能提供什么价值。

“烹饪方法+老品类”。这种形式的新品类改变了老品类的烹饪方式，成为事实上的新品类。比如，“吊炉烤串”改变了传统烤串在烧烤架上烤制的方式，采用了“吊炉”这种新的烤制工具和烹饪方法。新旧两种烤制方式的差异化足以让顾客清晰地判断出这是不同的品类，它们的价值是不同的。“石头烤肉”同样采用了不同的烤制工具和方式，顾客也可以通过新品类的命名判断它能提供的价值。刀削面、手擀面、牛肉拉面、鸡汤拉面等面食品类的命名，也体现了各自品类的价值。

有些品类因为历史原因或自身局限，天生“好感度”不足。比如“徽菜的臭鳜鱼”，首先有一部分人不喜欢臭豆腐、鱼腥草、香菜等重口味的食物，看到“臭”字心理上会排斥，“臭鳜鱼”也属于这类味型的。其次，“鳜”字本身比较生僻，很多人不认识这个字，也就解读不出“臭鳜鱼”是什么。既带有负面含义又比较生僻，导致“臭鳜鱼”认知受到很大限制，这是不足的方面。“臭鳜鱼”也有优势的一面，优势之一是“臭鳜鱼”本身是“徽菜的头道招牌菜”，知道徽菜的人不会对“臭鳜鱼”有认知障碍。优势之二是喜欢这类重口味食物的顾客，对“臭鳜鱼”是“臭味相投”，对它“上瘾”，会有很强的黏度，消费频次会比较高。在这种情形下，如果重新命名“臭鳜鱼”，结果如何不可预料。稳妥的做法是保持传统，用其他方式推动品类发展。如果贸然改为“香桂鱼”之类，倒是规避了“臭”字的负面影响和“鳜”字的生僻，但可能会让不喜欢这类味型的顾客吃了之后产生负面口碑，从而影响更多的潜在顾客；而那些真正喜欢“臭鳜鱼”的顾客看到“香桂鱼”又不来了。如此看来，有些品类问题不是靠改名就能短期改变的，需要有足够的耐心进行品类教育。

有时候，品类名的选择就是战略的选择，决定企业战略的走向。引发餐饮界和战略定位咨询圈热议的“西贝莜面村”，就涉及品类选择与企业战略走向的课题（后文的案例篇会详加讨论）。

直白

品类名称要“直白”。“直白”就是直接、具体地体现品类核心特性，不要含混不清或迂回曲折，令人难以理解，甚至产生歧义。在“好感”中谈及的“食材+老品类”“烹饪方法+老品类”两种方式的品类名也是一种直白的命名方式。比如，“瓷抛砖”就不如“大理石瓷砖”直白，好理解。

“尚一汤”在梳理战略之前是没有明确具体品类的，至少在门头和传播上没有明确出来，“尚一汤”团队内部对品类也持有不同的看法。对于这种情况，我们为“尚一汤”梳理战略的时候，就存在如何选择品类，并如何命名品类的问题。“尚一汤”这个品牌名和自身的优势决定了它的品类命名只能是以“广东一带的汤”为核心来确定，先从烹饪工艺上排除“煲汤、靓汤”两种，如此一来出现几种可能的备选，如“汤品”“炖汤”“粤式炖汤”“广东炖汤”等。我们按照“直白”的要义对以上几个命名选择逐一分析：“汤品”太宽泛，没有具体体现是什么汤；“炖汤”没有精准地体现品类的归属地。最后留下“粤式炖汤”和“广东炖汤”两个选择，这两者都能体现“有根”，即粤菜品类，但“粤式”更为宽泛，粤港澳一带都是大粤菜圈，而“广东炖汤”更为明确、具体，于是确定品类名为“广东炖汤”。

“桂小厨广西菜”也曾有选择“广西菜”还是“桂菜”的命题。显而易见，“广西菜”更为直观，而“桂菜”不够直观，可能还会产生一定的歧义。“桂菜”是桂林的菜吗？事实上“桂小厨”做的不是桂林菜，况且做桂林菜不符合“桂小厨”的战略。就算把“桂”理解为广西的简称，也需要迂回一下。因此，最终确定“广西菜”为品类名。当然，川菜、湘菜、粤菜等使用省份简称的品类名就不存在是否直白的问题了，因为它们是大品类，品类认知度已经足够高了。

简短

品类命名要“简短”。“简短”就是要简单、字少。因为简单、字少，才能听说读写无障碍，意思直白好理解。简短的名字才容易识别，容易识别才容易记忆，顾客记住了才能再来，才能替你做宣传。如果名字不够简短，给顾客造成记忆障碍，那么品类在顾客之间就难以传播，而且在所有传播途径上会处于全方位的被动局面。如果品类名不好，在竞争中是非常“吃亏”的。

需要选择品类名时，可以参照以下几个标准：删减定语字词不改变品类的，尽量删减；常用字词优于生僻冷门字词；长度相同、浅显易懂的词优于生僻的词；顺口的字词优于拗口的字词；能听出意思的字词优于听不出意思的字词；容易输入的字词优于输入困难的字词。

比如，“老坛剁椒鱼头”品类名就比较长，如果再加上品牌名“王麻子”就九个字了，感受一下“王麻子老坛剁椒鱼头”，整个名称给人的感受是繁复拗口。其实可以删减“老坛”二字，删掉“老坛”并不会改变品类，它还是“剁椒鱼头”。可能有读者会说，去掉就不能体现“老坛”的特色了。我们分析一下，如果“老坛”代表这个品牌的差异化，实际上把“老坛”加在“剁椒鱼头”前面和品牌名“王麻子”后面，并没有很好地强化“老坛”这个差异化。可行的做法是，在品类名中删掉“老坛”二字，“王麻子剁椒鱼头”就相对简短了。那么怎么体现“老坛”这个差异化呢？“老坛”既然是差异化，就应该上升到广告语的层面，独立呈现它。比如，可以这样呈现：“王麻子剁椒鱼头，祖传秘方老坛剁椒，100天自然发酵！”

前文提到的“丰茂盛朝鲜族烤串”调整为“丰茂烤串”之后，名字变得直白、简短，也规避了需要解释“什么是朝鲜族烤串”的问题。

需要注意的是，品类名要简短，但并非越短越好，还要兼顾意思是否容易理解。比如“广西菜”和“桂菜”，后者更短，但不直白。还有一些品类因为语言习惯，简化了反倒不容易理解了。比如，“羊肉汤”可以简称为“羊汤”，但“牛肉汤”简称为“牛汤”就很奇怪。

本章小结

好名字是进入心智的钥匙

不好的名字是进入心智的绊脚石

第13章　餐饮定位的九种差异化概念

餐饮品牌最大的差异化是品牌名，此外，餐饮品牌还有九种形式的差异化定位，分别是成为第一、拥有特性、领导地位、经典、市场专长、最受青睐、制造方法、新一代产品和热销。

成为第一

心智不喜欢改变已经认定的事物，但不会拒绝新事物。以一个新的概念、不同的产品或价值的形式更容易进入心智，而且一旦进入可以长久地保持。如果你的品牌第一个登陆顾客心智，竞争对手模仿你不但不能替代你，反而会强化你在顾客心智中的认知。因为人们认为，第一就是原创，其他都是仿冒。原创意味着在此领域你拥有不可撼动的地位，你更专业。心智优势会转化为实际的市场优势，率先成为顾客心智中第一的品牌，会不断扩大领先优势，取得更大的市场份额。后来者要想生存要么低价，要么寻找新的差异化。宝马汽车曾几度被迫请求奔驰收购自己，直到找到“驾驶”这个差异化战略才真正摆脱生存危机，有了后来的腾飞。百事可乐同样数次挣扎在生死边缘，请求可口可乐收购，直到下定决心要做不同的可乐——“年轻人的可乐”，才成为世界第二大可乐。如果不是第一，就找一个能成为第一的领域。

收获的果实很甜美，种树的过程很劳累。那些伟大的发明、重大的创新，起步阶段可能很缓慢，要转化为商业上的成功需要很长的时间，过程中还有夭折的风险。可口可乐诞生于1886年，但直到“二战”之后才真正取得世界范围内的成功。第一没有退路，只有一直向前走，你得忍受孤独，坚持到底，否则就会被别人取而代之。再看看中国那些取得成功的企业，华为从几十个人到几十万人始终向着“一个城墙口开炮”；阿里巴巴、腾讯都曾在创立后几度处于生死边缘，但阿里巴巴围绕“电商”、腾讯围绕“社交”的战略核心没有任何改变。

再看餐饮，海底捞也不是一夜之间就成功的，它围绕服务做了无数个第一。给客人涮菜、擦鞋、做指甲、送西瓜等，甚至还给客人带孩子，它的服务只有你想不到，没有它做不到的，我们时不时地就会听到海底捞“变态”服务的传闻。特劳特说：“成为第一，你自然就会与众不同。如果你能坚持住，并击退模仿者，你就能获得巨大成功。”

我们服务的“解家河南菜”也是一个“成为第一”的案例，“解家”在梳理战略之前是比较典型的传统中餐，主要做河南本地菜，但并没有明确聚焦于河南菜，菜品中还有湘菜、川菜等菜系的菜品。随着竞争的加剧，专家品牌越来越多，“解家”遇到竞争威胁，需要明确战略方向。“解家”能选择的菜品并不多，首先川湘菜要排除在外，因为“解家”之前主要菜品不是川湘菜。那么豫菜能做吗？不能。因为已经有几个豫菜专家品牌。豫菜品类本身也有很多局限，比如讲究“五味调和，中庸之道”，导致不麻不辣没有特色。豫菜的认知一直是官方菜，不接地气，不在顾客消费趋势上。相较于豫菜的“中庸之道”，河南各地有很多特色美食，风味独特，但还没有一个品牌专门做河南菜，与豫菜对立就是“解家”重新定位的机会。通过梳理，“解家”从传统中餐重新定位为“解家河南菜——来自河南民间的拿手好菜”。之后“解家”持续深挖河南菜，成功地让河南菜进入主流选择，“解家河南菜”也成为河南郑州本地中餐领先品牌。

“成为第一”还需要注意一个问题，就是要确保你的第一是一个好的概念，是一个有价值的创新。糟糕的概念不会获得成功，像无醇啤酒、透明酱油等违背顾客认知的概念很难获得成功。中国餐饮打造品牌，很多时候都不需要刻意去发明新的菜品或烹饪方法，只需要在成熟的品类中寻找机会，这就能避免糟糕的概念。很多餐饮品类还没有顾客心智中的“第一品牌”，打造品牌要善于发现机会并果断抓住机会。

拥有特性

特性就是某人或某个事物的个性、特点或与众不同的特征，人或物是各种特性的混合体。每个个体的特性都是不同的。普通人因某方面与众不同也会在他的小圈子里“出名”，明星出道都会刻意打造一个“人设”，也就是专属特性。品牌要想与众不同，也需要一个专属的特性，这个关键词是“专属”，不能是被竞争对手占据的特性。

海底捞专注服务，巴奴就对着干，给海底捞贴上“服务主义”的标签，自己举起“产品主义”的大旗。给顾客两个选择，想要服务去海底捞，想要好吃的菜品就来巴奴。于是，海底捞和巴奴都在各自的领域一骑绝尘，中国火锅无出其右。你们都做大火锅，我就做小火锅，呷哺呷哺也取得了成功。

各个特性并非平等，其重要性有所不同。服务和产品两个最重要的特性被占据了，其他品牌只能去寻找次一级的“地段”，差点总比没有好，总归还算占有一席之地。呷哺公司值得称道，它没有用呷哺品牌进行延伸，而是推出了湊湊。服务和产品都被占据了，那我就占据“环境”特性，做环境很好的“高端火锅”。湊湊在装修方面做了很大投入，为顾客提供更大的、更安静的就餐空间，因环境方面的与众不同，吸引了商务人士和都市精英。湊湊入场时，火锅竞争已经白热化，但它能迅速占有一席之地，环境的改善功不可没。像火锅如此大规模的品类，还有很多特性可以挖掘：可能是占据一个代表性的产品；也可能是占据一个独特的味型，比如贵州酸汤鱼火锅，或者站在麻辣火锅的对立面做口味清淡的火锅，如椰子鸡火锅；还可能是一种不同的食材，比如鱼类、海鲜类、菌菇类等。

烧烤同样是一个大品类，丰茂烤串占据的“现穿”是一个特性，很久以前的“羊肉串”也算一个特性。你们做大小适中的烤串，我可以做大串，如新疆的“红柳大串”，大串更能让人们“过足肉瘾”。大串可以做，小串也可以，小到一口一串，小串更容易入味。烤串的不同烤制方法、味型、食材、产品等也能成为不同的特性，占据任何一种特性都会让你与众不同。

有特性胜过无特性，重要特性胜过次要特性。无论占据什么特性，品类名都要保持简单，切忌复杂。餐饮品类的产品和需求也许很复杂，但品牌要想进入顾客心智，就应该聚焦一个特性而不是更多特性，还要把特性浓缩为一个简单的名字并坚持到底。

领导地位

领导地位是品牌最强大的差异化，也是品牌实施差异化最强有力的方法。也可以说，如果你已经是领导者，你就能和所有的竞争者区别开来。公认的领导者身份就是品牌最直接的“信任状”，你的目标顾客更容易相信你所说的，这是你身为领导者的一种“特权”，手持领导者身份这个“筹码”，你就能赢得更大的成功。“马太效应”“赢家通吃”就是这个道理。顾客心智更倾向于选择占据市场份额更大的品牌，因为它代表成功和领导地位。

如果领导地位悬而未决，你还有几个旗鼓相当的竞争者时，你就要奋力一搏，然后登高一呼，向所有人宣布你是领导者。抢先建立领导地位，即便是微弱的优势，也能使竞争的天平最终朝着对你有利的方向倾斜。

不要放过任何证明领导地位的机会。领导地位可以是局部的，比如某一市场的领导地位；领导地位也可以是某一时间段的，比如“双十一”销量第一名。一路小胜，最后大胜。餐饮品牌诉求领导地位的常规方法有以下几种：门店数量最多，年就餐人次最多，某个菜品销量突破多少份，等等。老乡鸡从安徽就开始诉求领导地位，走出安徽后继续快马加鞭开店，最终实现中式快餐全国领先。诉求领导地位可以继续强化领导地位，同时也可以防御进攻。餐饮品牌诉求领导地位不能只是喊口号，要配合开新店，扩大市场占有率，还要通过公关提升品牌势能，为门店的生意赋能。

我们服务的桂小厨广西菜在广西市场一直处于领先地位，但也面临几个竞争者。为了避免遭受更大的竞争挑战，首先“桂小厨”明确打出“广西菜代表品牌”的定位，其次开始布局更多门店，在市场占有率上进一步甩开对手。“桂小厨”在认知层面和现实层面双管齐下，捍卫并强化了自己的领导地位。

品牌还不是领导者的时候，应该有意识地通过各种方法找到一个差异化，任何差异化做大后都可以转化为品牌的领导地位。拥有领导地位并不意味着要你放弃原有的特性，领导地位可以强化你的特性，特性也可以为领导地位加上可信的注脚。比如，顾客认为海底捞是火锅品类的领导者，他会说：“不愧是海底捞，服务就是好。服务做这么好，也难怪人家做这么大。”

经典

心智缺乏安全感，因此一切能有效克服顾客不安全感的战略都是好战略。经典的、历史悠久的品牌总能让人安心，人们相信时间的力量，那些传承久远的品牌或产品代表着被一代代人所认可。经典让你的产品或品牌与众不同，它的存在时间和代表的文化属性是其他竞争者不具备的。除了时间属性，经典还包含地域属性。某一个国家或地区长时间以某产品而闻名，就积累了心智资源，这个产品就代表正宗和优良品质。比如，法国红酒、德国啤酒、瑞士手表、中国瓷器与丝绸等。

餐饮业的经典通常就是被称为“老字号”的那些品牌。中国餐饮业有不少老字号品牌，各自代表不同地域的美食。比如，全聚德代表北京烤鸭，东来顺代表北方人喜欢的铜锅涮羊肉，狗不理包子代表天津本地特色，陶陶居代表广东粤菜、茶点，等等。一些老字号之所以能传承到今天，没有被历史淘汰，是因为它们经受住了一代代市场的考验；而更多的老字号都消失在了历史的长河中。所以今天的老字号也面临时代的考验，需要在传承经典和面对未来之间取得平衡。老字号必须要“传承不守旧，创新不忘本”，否则老字号就会老化。人们喜欢的是老字号具有的经典内涵，但不喜欢老字号的“老化和老土”。中国餐饮品牌的老化问题，不止限于老字号品牌，很多成立二三十年，甚至十多年的品牌就开始表现出“老态龙钟”。品牌老化的根本问题在于品牌脱离了市场，忽视了顾客认知和需求的变化，既没有及时调整和更新品牌认知，也没有为品牌补充新的价值。

再看可口可乐、麦当劳、肯德基、星巴克等全球化品牌，从成立至今经历了数代人，仍然能保持品牌的年轻态。这是与时俱进，不断关注需求变化，与顾客保持紧密沟通的结果。

经典并非只是老字号的专属，非老字号餐饮品牌也可以通过将品牌与历史传承的烹饪技艺、非物质文化遗产等绑定来获得经典的差异化概念。我们服务的“大张烙馍村”就是如此做的。烙馍是徐州美食的代表，相传烙馍发明于楚汉之争时期，被当作军粮，后来成了民间美食，传承了2000多年。在我们的建议下，"大张烙馍村"申请为"徐州烙馍非物质文化遗产传承企业"，创始人也成功成为"烙馍技艺非遗传承人"。"大张烙馍村"就获得了"烙馍非遗"的经典差异化。

市场专长

专家就是"在某个特定领域接受过专业培训且拥有更多知识的人。"专注于某个领域或某个特定产品的品牌被人们认为是专家品牌。人们信赖专家，相信专家品牌在它的领域必定有优异于其他产品的品质或内涵。人们很难相信一个品牌可以在各个方面都具有专长，不管它实际上做得有多好。人的常识是，专注的才是专家，一个人或一家企业不可能在各个方面都是专家。

品类进化，出现多种特性，品牌需要占据一个特性成为专家；品类分化，出现很多新品类，品牌需要把握分化趋势，占据一个新品类成为专家。"大而全"的品牌会被专家品牌取代，这是社会分工和商业竞争的必然结果。餐饮领域也是如此，竞争导致品牌必然走向专业化道路。

曾经的"融合菜餐厅"之所以能生存，是因为市场上缺少聚焦于某一菜系的专家型餐厅和它竞争。如今的餐饮市场，都是各个菜系的专家品牌在竞争，还有很多聚焦于一道菜的专家。是聚焦于一个菜系还是一道菜由竞争决定。如果是大菜系且菜系内竞争充分，聚焦于一道菜就很有必要。费大厨辣椒炒肉是一个典型的案例，从聚焦于辣椒炒肉开始，把一道菜做到极致，成为长沙湘菜必吃榜第一名，之后又拿到中国烹饪协会授予的"全国小炒肉大王"称号，一步步建立并强化了"辣椒炒肉专家"的认知。

我们服务的尚一汤在创立之初就以"广东炖汤"为招牌，把"广东炖汤"做到行业领先，成为粤菜中的炖汤专家品牌。事实上，尚一汤的粤菜品质也是上乘的，但顾客选择尚一汤首先还是因为它的炖汤。餐饮品牌建立起专家品牌认知后，在众多品牌中就变得与众不同，顾客在做选择时，能屏蔽其他非专家品牌。

最受青睐

顾客常常不知道自己想要什么，很多购买行为来自"因为别人都有，那我也要有"的心理。顾客购买自己认为应该拥有的东西，也就是常说的"从众心理""羊群效应"。另一种情况是，顾客知道自己想要什么，但应该选择哪一家品牌通常会倾向于随大溜。顾客从众行为的深层心理原因就是心智缺乏安全感，人们常常根据别人的行为决定自己的行动，心里想着随大溜总没错。事实上，大多数人做的事情往往都是正确的事情。进一步来说，如果是"高势能人群"的选择，就更具有示范效应了。

把最受青睐作为差异化，就是告诉顾客"你看那么多人都选择我，你也选我不会错"。最受青睐在餐饮领域非常可行，表现形式也很丰富。

我们有一个案例就是利用"最受青睐"来形成差异化，它是一家椰子鸡火锅。这类火锅和麻辣火锅相比，最大的不同在于它是一种少油少盐、口味清淡的火锅。也许这种清淡的火锅还不是主流选择，是它的弱势，但相较于麻辣火锅，它的"清淡"正是其强势。什么人群希望吃一些清淡的东西呢？注重美体的女士，推崇健康饮食的人士。因为味道清淡，少油脂，所以不易增加体重，也不会加重高血脂、高血压人士的身体负担。由此便形成了这样的认知："爱美女士""养生人士"所青睐的肯定是很健康的。

西贝莜面村在利用"最受青睐"制造差异化方面也值得称道。它长期围绕"有儿童的家庭"展开营销，经常播放一支广告"家有宝贝，就吃西贝"，有意识地营造一种"有儿童的家庭也选择西贝"的认知。于是人们认为，那么多家庭都可以放心带孩子吃的餐厅，自然是很好的。

“最受青睐”不是喊一句口号就能实现想要的效果，它需要战略行动的配合。“最受青睐”既要顺应认知，也要有可信度，如果顾客心智中已经有他所认为的最受青睐的品牌，他是不会再相信你的。

制造方法

很多企业的营销人员往往认为产品的制造与营销是两件事，殊不知，产品制造中可能隐藏着强有力的差异化。特殊工艺、高科技成分等可以让产品与众不同的差异化因素，不止存在于制造业、高科技行业，餐饮行业也有多种不同形式的“制造方法”的差异化概念。不论是餐饮业还是其他行业，有一个与众不同的“制造方法”，顾客无论懂不懂，都会有“不明觉厉”的感觉，这样你就达到了品牌差异化的目的。

王品牛排诉求“一头牛仅供6客”，成功地把自己与其他牛排店区别开来。这也很好地解释了王品牛排为什么那么贵，一头牛只选用6块肉制作牛排。你吃到的是一块牛排吗？不，你吃到的是1/6头牛。

丰茂烤串的“现穿”占据了烤串品类的一个特性，也是丰茂烤串制作烤串的“独门技术”。当烤串品类都采用在中央厨房把肉穿好冷冻再送到门店的做法时，丰茂烤串选择了成本更高、效率更低的“现穿”。为什么要现穿呢？因为“羊肉现穿才好吃”。在我们的认知中，妈妈现包的水饺、现做的面条、现包的包子都很美味，手工的、现做的就代表地道美味。顾客常常愿意等待几个小时，只为享受到丰茂烤串现穿的烤串。

解家河南菜的招牌菜“南湾鱼一鱼两吃”，“一鱼两吃”就是一个差异化的烹饪方式。通常情况下，一条鱼都是一种做法和吃法，听到“一鱼两吃”顾客会觉得和我吃过的不一样，一条鱼可以吃到两种口味，这是不一样的体验。解家河南菜在“南湾鱼一鱼两吃”的传播上还做出解释：“南湾鱼一鱼两吃，鱼头红焖，鱼身清炖。”顾客完整了解到“一鱼两吃”的与众不同。这道菜一经推出，点单率很快就成为第一名。

川渝麻辣火锅的竞争是个“红海”，贤合庄卤味火锅却能后发制人，后来者居上，迅速扩张，一方面是明星效应催生的结果。明星开店的是与非，我们不做评判。我们认为，贤合庄能迅速发展的另一方面原因是它没有走同质化的道路，而是以“卤味火锅，边卤边烫”的差异化切入。“边卤边烫”的吃法显然不同于常规的川渝火锅，它是与众不同的。

费大厨围绕“辣椒炒肉”进行了深度配称，其中的一个做法就是利用“制造方法”强化它的“辣椒炒肉”与众不同的差异化概念，那就是：费大厨的“辣椒炒肉”不但是大厨炒的，还是用章丘铁锅炒的。章丘铁锅炒的与其他锅炒的味道有何不同，没有人知道，但章丘铁锅炒的辣椒炒肉本身就与众不同了。

餐饮“制造方法”的差异化，除了烹饪方法、食材、器皿等方面，还有祖传秘方、独家配方、秘制酱料等方式，制造方法的差异化并不难找，关键是要能够把这些差异化概念传达给潜在顾客。

新一代产品

当今科技日新月异，人们对“新一代产品”早已习以为常，但在餐饮领域，“新一代产品”似乎并不多见。其实餐饮业中有很多“新一代产品”的创举，一些餐饮品牌由此建立了自己的差异化战略。

中国现制茶饮领域的众多品牌正是集体采用“新一代产品”而逐步取代了传统奶茶店。传统奶茶店使用奶精、香精、植脂末和茶粉等工业化食品原料，这种做法的优势是方便快捷、成本低，但不符合健康消费趋势。喜茶、奈雪的茶等新一代茶饮品牌则采用了鲜奶、鲜果等新鲜的原料现场制作，而茶底也是用茶叶现场萃取而得。“新一代茶饮”的优势显而易见，它代表新的消费趋势，很快就成为茶饮行业的主流标准。在此趋势下，“老一代”茶饮品牌不得不适应新的标准。在中国茶饮业，“新一代”成功颠覆了“老一代”。

中国火锅领域的巴奴毛肚火锅是“新一代产品”打造差异化战略的又一典型代表。巴奴毛肚火锅围绕“产品主义”战略，奉行“能冷鲜不冷冻，能天然不添加，能当天不隔夜”的产品理念，首先对毛肚进行了“革新”。传统的毛肚发制技术使用工业烧碱、双氧水、福尔马林等化学原料，长期食用存在健康风险。巴奴毛肚火锅通过与科研机构合作，发明“木瓜蛋白酶嫩化技术”，这一技术发制的毛肚，既保持了脆嫩的口感又消除了健康的隐患。巴奴毛肚火锅的毛肚成为“新一代产品”，让巴奴毛肚火锅在众多火锅中脱颖而出。不只是毛肚一个产品，巴奴毛肚火锅还通过迭代推出很多产品，在“新一代产品”的战略上持续引领行业标准。比如，攻克鲜鸭血冷链、储存技术后推出“鲜鸭血”；舍弃了“大棚种植的菠菜”，推出“笨菠菜”；还有“井水豆芽”“黑豆腐”等不同于其他火锅店的“新一代产品”。在产品这个层面，巴奴毛肚火锅是中国餐饮的典范之一。

无矾油条、无毒豆浆也是“新一代产品”，发起者是永和豆浆，它解决了行业传统做法导致的食品安全隐患问题。

餐饮企业实施“新一代战略”要注意避开以下三个陷阱：第一，不要解决一个不存在的问题；第二，不要违背顾客消费传统；第三，产品必须更好。当你确信要实施“新一代产品”战略时，请仔细参照以上三点，避免遭受损失。

热销

特劳特在《与众不同》一书中讲道：“一旦你的产品热销起来，你就应该让全世界知道你的产品是多么火爆。”很多企业担心，如果主动讲述自己的热销，一旦热度降下来会感到难堪。其实，我们应该考虑如何先变得热销，只要形成热销就会有更多方法保持热销。

热销需要人为制造，首先得找一个能说明自己热销的概念。比如“销量领先”，可以找任何一个时间段和竞争对手对比，半年、一年，或者“双十一”都可以；也可以和自己比，比上年、上季度销量增长多少。当通过一个“热销”概念的实施制造一定规模的热销之后，需要更多的战术配合，把热销推向更大热销。可以找权威第三方机构发布行业排行榜，大众点评“长沙湘菜必吃榜第一名”就是一种诉求热销的方式。总之，找到一个你能排第一的排行榜，然后大肆宣传。此外，还可以请行业专家点评，比如美食家、美食博主的点评，行业媒体的评论都可以作为很好的“信任状”。

长沙的文和友、茶颜悦色、费大厨辣椒炒肉等餐饮品牌是制造热销的典型案例。文和友非常注重通过媒体告诉全国顾客“文和友排队”的盛况，创始人经常在媒体亮相制造话题，比如陪同某某明星一起参观文和友，还通过接受采访宣传文和友成功背后的故事等，一系列的战术配合把文和友的热度推向更高。外地人到长沙，如果不去文和友都感到白来一趟。茶颜悦色同样善于宣传热销，茶颜悦色的排队经常成为话题，有顾客凌晨就排队只为喝一杯茶颜悦色，还有顾客“打飞的”来长沙喝茶颜悦色。这些品牌的热销战略实施得非常成功。

我们服务的解家河南菜推出“南湾鱼一鱼两吃”的过程中也使用了热销战略，第一年发布“推出一周年热销突破10万条”，第二年、第三年持续发布热销信息。经过持续推动，“南湾鱼一鱼两吃”的点单率节节攀升，成为顾客必点菜。当“南湾鱼一鱼两吃”热销的市场表现被更多顾客关注的时候，解家河南菜就有机会告诉顾客“南湾鱼一鱼两吃”为何如此受欢迎。

品牌不可能永远保持热度，所以需要提前做好准备，如何把热销转化为品牌持续的战略优势，不然品牌将面临“风尚化”的风险。在制造热销的过程中还要避免被贴上“时尚流行”的标签，因为流行的总会过去，一旦过去了，今天的流行就变成明天的落伍。我们要让热销看起来像趋势，所以通过热销推动品牌达到一定的高度后，还需要告诉顾客你成功背后的故事，即热销背后的差异化概念，这样品牌才能进入轨道，否则会因后继无力而掉下来。

本章小结

九种差异化

万法同归，酌情而用

第14章　“信任状”的三种形式

冯卫东总结的“品牌三问”准确地概括了顾客选择品牌时的思考逻辑。顾客的第一个问题是“你是什么？”问的是该品牌属于什么品类。第二个问题是“有何不同？”问的是该品牌相较于其他品牌有什么不同，能提供何种差异化的价值。第三个问题是“何以见得？”问的是怎么证明该品牌的差异化是可信的，能证明的证据就是“信任状”。

品牌的定位不是一句广告语，广告语只是体现定位的一种形式。同样，“信任状”也不是一句话，“信任状”除了在广告语上体现，品牌还需要用实际的行动让顾客感知到“不是说说而已”。比如，丰茂烤串诉求“现穿”的定位，如果仅仅只是在广告上喊“羊肉现穿才好吃”，顾客到店之后看不到现穿的证据，就会对品牌失去信任。因此，丰茂烤串还要在门店醒目位置设置羊肉现穿的明档，现场穿肉，让顾客一进门就能看到，之后顾客吃了感觉果然很好吃，就会信赖品牌，进而为你做宣传。品牌只有做到“言行一致”，顾客才会信任你。

餐饮定位的五种方法帮助企业找到定位，九种具体形式体现定位，有三种类型的“信任状”为定位提供可信证明，分别是品牌可信诉求、顾客自行验证、可信第三方证明。首先，这三种类型之间不是孤立存在的，而是相互影响、相辅相成的。其次，每种类型都可能是由多项具体的体现形式共同组成的，而不是局限于单独一项。

品牌可信诉求

顾客通常对品牌的广告或传播持一定的怀疑态度，不会你说什么他就相信什么，尤其是在品牌诉求的内容与顾客认知相悖的时候，顾客就更不会相信了。因此，品牌定位诉求本身要有可信性，才能打开顾客心智入口，然后才有更多机会证明你是可信的。

品牌诉求可信度来源于两个方面：一是品牌本身要有“抵押物”，一个有身家、有声望的人说话，大家更信他，餐饮品牌的所有门店等有形资产以及品牌声誉、创始人的声望等无形资产都相当于“抵押物”。二是品牌诉求要基于事实或已有认知，比如，“怕上火，喝王老吉”让王老吉超越可口可乐成为“中国饮料第一罐”。王老吉成功的前提是中国人的认知中有“上火”的概念，之后王老吉才能利用这个已有认知来撬动顾客的潜在需求。从“王老吉”切换为“加多宝”的时候，诉求“全国销量领先的红罐凉茶改名加多宝”，就同时基于“畅销的市场事实”和“顾客心智中王老吉的已有认知”。

由于处于初创期的餐饮品牌没有门店数量规模和品牌地位作为“抵押物”，因此应特别注意诉求本身的可信性，在此基础上还应着重在后两个类型——顾客自行验证、可信第三方证明的“信任状”上发力：把菜品、服务等基本功课做好，获得第一拨顾客的好口碑；初创餐饮积累了好的口碑，就有机会获得具有公信力的第三方机构的“信任状”，比如，有大众点评必吃榜，还有餐饮协会之类机构颁发的奖项等。

顾客自行验证

品牌通过各种营销传播，最终目的是获得顾客选择。俗话说“耳听为虚”，顾客对你的产品实际体验之后，确实符合他的预期才会最终信任你的品牌。对于餐饮品牌而言，顾客可以自行验证的“信任状”包括品牌的传播、顾客口碑、门店环境、菜品口味、就餐体验、门店分布等诸多方面。

品牌做传播的一个作用就是让潜在顾客对品牌有初步了解，消除顾客的陌生感和不安全感。通常情况下，顾客会选择有一定了解的餐厅，他可能听朋友说起过这家餐厅不错，也可能看到过它的广告或在网上接触过它的信息，还可能路过看到它的门店，总之他对这个品牌已经不陌生，大体知道这家的特色和菜品。这时候，顾客有了某种消费需求，这家品牌就进入了备选。

顾客口碑对餐饮品牌非常重要，因为它就是顾客亲身体验过的反馈，具有很大的可信度。比如，如果朋友向你吐槽有家餐厅体验不好，就算你之前对这家餐厅已经有所了解而且有所期待，也很可能就不去了，因为你还有很多选择。

门店环境是顾客能直观感受到的“信任状”，宽泛地理解，门店环境包括门店位置好不好找，门头和外立面的整体感官如何，现场氛围是有客人排队等候还是很冷清，就餐环境是否舒适，等等。如果品牌宣称是“高端宴请或高档精品餐厅”，那么门店位置最好是这一片的C位（中心位置），很容易就能找到。门头和外立面都能体现匹配的档次，高档餐厅的氛围感很强，店内的装饰、用具等都应该与高档的定位相匹配。如果门店环境与品牌宣称的不匹配，就会降低顾客的信任度。

菜品是餐饮品牌的命脉，也是顾客最能自行验证的“信任状”。如果烤串品牌诉求自己用的是“某某草原的羔羊肉”，首先羊肉的来源必须真实，其次用的羊肉必须是羔羊肉，同时必须保证肉质的新鲜度，最后也是最重要的就是烤串要好吃。有人可能会说好吃没有标准，但绝大多数顾客会有答案。如果品牌不能保证最终的味道，就算用的是优质的草原羔羊肉也最好不要说，否则只会让顾客质疑你用的并不是草原羔羊肉。

就餐体验也是顾客可验证的“信任状”，因为顾客认为你是个品牌，就会对你的服务有最低预期，如果达不到预期，他就会认为你名不副实。再者，餐饮业本身就是服务行业，服务是餐饮业最基本的工作。特别是宴请的餐饮品牌，服务价值占的比重更大。即便不是宴请的品牌，如果服务不到位，顾客也会认为你管理不当。有时因为客人多，服务员忙不过来，顾客也会认为你实力不行，没钱请更多的服务员。

门店分布的数量和位置，也都是顾客可验证的“信任状”。如果品牌的门店随处可见，顾客到不同的城市都能看到你，不用说顾客也知道你是连锁大品牌；你的门店数量也许不多，但如果都是在高端商场里，顾客也会认为你的品牌很高档，有实力；如果你只在一个城市有门店，但你的门店密集，随处可见，顾客会认为你是这个城市最有实力的品牌，比如长沙的茶颜悦色，喜茶到了长沙也无法和其竞争。

对于餐饮行业而言，顾客可自行验证的“信任状”是最重要的“信任状”，也是最需要长期持续加强的“信任状”。无论品牌的可信诉求，还是可信第三方证明，都只能解决让顾客选择你的问题，但真正让品牌持续成长的是顾客第一次选择你之后还能留存下来。餐饮品牌需要同时解决流量和留存的问题，如果顾客来了却体验不好，负面口碑的破坏力是巨大的。

可信第三方证明

可信第三方证明之所以能作为品牌“信任状”，一方面是因为第三方机构本身具有公信力，是受公众信任的，另一方面是因为第三方机构中立的身份和立场。

餐饮业常见的可信第三方证明类的“信任状”有以下类型：一是政府或官方餐饮机构的认证，如中华老字号、非物质文化遗产；二是米其林、大众点评等专业评价机构的评价或统计，如米其林星级餐厅，黑珍珠餐厅，大众点评必吃榜、热门榜等各种榜单；三是美食家或美食达人的推荐，如美食家蔡澜推荐、各平台的美食达人推荐；四是与知名企业或机构的合作，如走进联合国，以及一些有影响力的活动的指定用餐品牌；五是公众人物代言，餐饮品牌请明星代言的不多，但与明星合作开店相当于明星代言。

权威第三方证明是高级的“信任状”类型，餐饮品牌要根据自身的定位，多拿适合自己的“信任状”。如果进行广告投放，就要选择一个含金量最高或最合适的“信任状”，高级“信任状”可以极大地提升品牌可信度。比如，“徐州大张烙馍村”是徐州美食的代表品牌，烙馍馓子既是徐州特色美食的代表，也是“徐州大张烙馍村”的招牌产品，在我们的建议下，“徐州大张烙馍村”拿到了“徐州烙馍技艺非遗传承企业”的“信任状”，这个“信任状”在徐州餐饮品牌中是独一无二的。

大众点评必吃榜是餐饮品牌需要获得的常规“信任状”，也是比较有力的“信任状”。同一个城市同一品类，这个“信任状”如果让竞争对手拿到了，你没有拿到，那么你就落了下风。

打造“信任状”体系

中国餐饮业竞争越来越充分，整体竞争难度逐步提升，品牌必须持续强化自身的差异化优势。这就需要综合运用三种类型的“信任状”，打造“信任状”体系，提升顾客的信任度，从而进入顾客心智，并牢牢占据顾客心智。因为餐饮是一个重体验的行业，品牌靠一个有竞争力的差异化得到顾客的优先选择，这是“心智流量”的优势，但顾客体验之后能否留存下来就取决于品牌在菜品、服务等方面的“硬实力”，“硬实力”到位才能把流量留存下来。

以我们服务的两家餐饮品牌为例，来简单阐述“信任状”体系。

丰茂烤串

品牌可信诉求是“羊肉现穿才好吃”，“现穿”符合顾客“现做的食物比较好吃”的认知。之后，丰茂烤串还进行羊肉升级，选用国家地理标志保护产品——内蒙古苏尼特草原羊肉，进一步强化了可信性。其逻辑就是不但“现穿”，而且选用草原的好羊肉现穿，让“羊肉现穿才好吃”更具有可信性。丰茂烤串成立30多年，全国直营门店60多家，而且门店主要集中在高势能城市北京、上海，拥有大量顾客群体，积攒了良好的口碑，这些都是丰茂烤串的可信基础。

顾客可自行验证的“信任状”包括：丰茂烤串每家店内的“羊肉现穿明档”，店门外排队几个小时也要吃丰茂烤串的顾客，门店面积普遍较大，店内独特的集装箱装饰风格，北京和上海众多的门店，顾客的好口碑，等等。

可信第三方证明：丰茂烤串之前有四个城市的门店同时获得必吃榜，在广告上打出了“四城同获必吃榜，羊肉现穿才好吃”的宣传文案。

尚一汤广东炖汤

品牌可信诉求包括以下两个方面：一是“尚一汤广东炖汤”品牌名和品类名的组合，传达出来自广东的专业炖汤品牌的认知；二是“精选好食材，炖足四小时”明确了炖汤的食材和工艺标准，体现了炖汤的价值感。

顾客可自行验证的“信任状”包括：在上海环球港、南京核心商圈等高势能区域拥有门店，商场内的巨幅广告，店内的炖汤明档，炖汤和菜品品质，雅致的店内环境，良好的口碑，等等。

可信第三方证明：多家门店同时登上大众点评“粤菜好评榜”。

本章小结

三种“信任状”

协同使用，相辅相成

CANYIN
DAJUEZHAN

第四部分

04

战略篇

兵圣孙武的《孙子兵法》和“西方兵圣”克劳塞维茨的《战争论》都阐明了兵力原则是所有战争的总原则，所以要在决战之地投入尽可能多的兵力，以获得决定性的胜利。百战百胜，不如一战而定。克劳塞维茨的另一条战争原则——防御优势原则告诉我们，抢先占据一个有利位置的重要性，在有利的位置进行防御，可以抵挡敌人数倍兵力的进攻。

“战争”是商业竞争的极端形式，商业竞争是一场没有硝烟的“战争”，战争的原则也适用于商战，只不过当今的商战是在顾客心智中打响。要打赢商战，先要全面了解你的品牌和竞争品牌在顾客心智中分别占据了什么位置，因为位置决定你要采取何种战略形式。定位理论的另一本奠基之作《商战》中总结了四种战略形式，即根据行业位置，强大的第一名应采取防御战，实力稍弱的第二名应采取进攻战，第三名应采取侧翼战，第三名之后应采取游击战。《商战》还总结了每种战略形式的原则，让定位理论在实际的运用中“有法可依，有章可循”。

根据我们对中国餐饮业长期的关注和定位实践，审视中国餐饮业的实际情况，我们发现中国餐饮业中有一些品类长期处于“有品类、无品牌”的竞争格局，这种竞争形势更适合采取一种新的战略模型，姑且将其称为“抢先战”。其实前文的“五种定位方法”的“抢先占位”就是基于“有品类、无品牌”的竞争格局采用的一种定位方法，抢先战的战略形式正适合“抢先占位”的战术，品牌基于自身实力，可以抢占品类，成为品类代表品牌，也可以抢占一个合适的特性。

增加了抢先战之后，餐饮大决战就有五种战略模型可供参考，但是取胜的关键是要选择正确的战略模型。克劳塞维茨指出：“政治家和指挥官做出的首要的、最高的和最具深远意义的判断，是确定他们正在进行的战争的战略形式，既不能做出错误判断，又不能使其判断同其战略形式本质相悖。”

第15章　餐饮大决战的五种战略模型

餐饮品牌应主动发起大决战，并根据当前所处的战略形势确定适合的战略模型，在战略实施中应遵照战略模型的原则。当战略形势发生变化时，应及时“换挡”进入新的战略阶段，并采用相应的战略模型。

抢先战

抢先战的核心思想同样体现了定位理论中“成为第一”的理念，先进入市场的未必获胜，关键是要抢先占据顾客心智中的有利位置。抢先战是打造品牌的“捷径”，餐饮品牌如果有机会发起抢先战，绝不能错过。如同《商战》的其他四种战略模型，抢先战也有三条原则可供参考。

第一条原则：在测试成功的地方发起决战

在测试成功的地方发起决战，可以省去打造品牌的试错环节，因为品类内的“先驱”已经验证了品类的价值可以被顾客接受。要寻找那些存在时间较长且普及的品类，这些品类拥有稳定的消费基础，但处于不温不火的状态，品类内没有强大的领导品牌，竞争水平差距不大。

餐饮业有一些品类，市场普及率很高，但没有市场占有率很高的品牌，顾客心智中也没有明确的领导品牌。在这种情况下，就应该发起抢先战，这是将“公有资产私有化”为数不多的合法机会。

在中国餐饮业，主食品类有比较多的机会发起抢先战。因为进入门槛不高，很多主食品类整体水平处于低位，也没有强势品牌引领品类进化，导致品类长期处于弱势地位。然而，任何品类都可以由品牌引领主动进化，通过重新改造提升品类价值。

比如，全国各地大街小巷的兰州拉面馆多年来一直都能生存，这已经证明这个品类是成功的，资本也正是看到了这个品类中存在的品牌机会才纷纷进入，大举投资。当年黄焖鸡米饭迅速遍布大街小巷，一方面是因为加盟模式的推波助澜，另一方面是因为这个品类得到了顾客的认可。品类价值没有问题，加盟的商业模式、供应链也没有问题，问题是没有品牌意识到这个品类的巨大价值，而急功近利地“捡了芝麻，丢了西瓜”，去赚加盟的快钱，忽视了行业的进化和品牌建设，导致品类低端化。如果有品牌具有抢先战的意识，奋起发力便可一举拿下。

第二条原则：投入足够的资源抢占制高点

当确定这是一个测试成功的品类之后，就要向着主导品类的目标稳步发展，不能利用品类趋势急忙“割韭菜”。和占据品类后的长期收益相比，短期赚取的那点加盟费只是一点零头。

当品牌的战略目的是主导整个品类时，要投入足够的资源抢占制高点。第一，优先选择占据品类中最有价值的特性，比如代表高品质的高端、地道、正宗等。第二，要率先制定更高标准，提高竞争壁垒，让品牌发展领先于品类发展，从而让品牌在品类内脱颖而出。比如，优先选择高势能城市、高势能商圈开店；提升门店装修、产品标准；加大品牌建设上的投入，率先建立认知。第三，要做到高于行业的标准，必须要有充足的资金支持以及强大的组织能力。

比如，兰州拉面品牌“陈香贵”的战略打法就值得称道，它率先在上海、南京等大城市发力开店，门店环境、菜品及品牌建设全面领先于行业标准。这样一来，就能甩下竞争对手，让顾客觉得“陈香贵”和其他兰州拉面就是不一样。因为之前从未有兰州拉面进入上海环球港这么高档的场所，所以“陈香贵”是与众不同的一个品牌。

“太二”酸菜鱼之所以能在众多的酸菜鱼品牌中脱颖而出，也正是因为采用了高于行业的标准。第一，它没有使用行业通用的成本较低的巴沙鱼，而是采用了高成本的鲈鱼；第二，它没有选择在租金成本低的社区周边开店，而是优先选择在商场开店；第三，它没有选择低价策略，而是选择处于行业高位的定价策略。此外，“太二”在品牌差异化建设方面的投入也是其他品牌所不及的。

螺蛳粉、米粉及其他主食粉面品类，都有通过提升行业标准、重新定义行业而打造强势品牌的机会。

第三条原则：尽可能快地占据心智制高点

已经被测试成功、进入门槛不高且没有领导品牌的品类，一旦有品牌看到里面的巨大价值，发起抢先战，一定会引起资本市场的注意，从而支持更多品牌进入。所以，抢先战“兵贵神速”，要尽快解决战斗，不能留给竞争对手过多的时间，否则容易陷入多品牌胶着竞争状态，届时将要投入更多兵力才能压制竞争。

要想抢占品类制高点，须知道以抢占心智制高点为先。前面提到的“陈香贵”“太二”选择高于行业标准，采取加大品牌建设的战略行动，都是抢占心智制高点的有力举措。在提升品牌心智地位的同时，还要配合市场行动，率先抢占优势市场、优势渠道、优势位置开店，抓住高势能群体。

茶饮行业的喜茶就很善于抢占心智制高点，门店还没有进入市场，认知已经先行；而很多品牌的做法正好与之相反，这样就比较被动。在认知先行方面，老乡鸡、费大厨、茶颜悦色等品牌都做得非常出色。

防御战

克劳塞维茨指出："防御战就其本身而言比进攻战要强大。"这就是防御优势原则的体现，因为防御者本身处于天然的优势位置，有城池营垒作为防御屏障。处于防御地位的领导品牌在顾客心智中占据了优势位置，拥有更多的资源，做什么都更有优势；进攻者则处于相对弱势的地位，进攻领导者需要付出更大的努力还不一定成功。正因如此，领导者要善于运用自己的优势，重视竞争威胁，不然等到角色发生转变之后，自己就成了被动的一方。

第一条原则：只有市场领导者才能打防御战

这条原则之所以是防御战的第一条原则，是因为打防御战之前必须先确定你的身份是市场领导者，没有领导者的身份打防御战是无效的。领导者不是自封的，顾客心智中认可的领导者才是真正的领导者。就像《商战》中说的，一个企业也许是"星期一早晨密西西比河以东"的领导者，可是顾客对此毫无兴趣。企业不能靠加上特定的筛选条件，通过市场数据统计让自己成为领导者，这最多是某一方面的领先者。

在火锅业，很多品牌的门店数量都曾领先于海底捞，它们在某个阶段的发展速度、品牌热度都很高，但始终没有动摇海底捞的领导地位，反倒是繁荣了火锅品类。我们相信，如果不是因为火锅品类的强大，海底捞上市后的市值不会冲到那么高。一个品类，领先者可以有很多，但顾客心智中的领导者只有一个。

品牌制定战略必须基于真实的竞争形势，根据自己的市场地位确定自身的战略性质，不能凭主观臆断。企业可以通过自身某个方面的优势来鼓舞士气，但不能自欺欺人，认为自己真的比领导者强大。中国餐饮业有很多品牌处于领先地位，但真正占据品类主导地位的品牌并不多。如果领先者贸然宣称自己是领导者品牌，不但顾客没有认同感，而且品牌有可能模糊掉自己原来的优势。领先品牌正确的做法是打抢先战，持续强化自己已有的优势，直到成为顾客认可的领导者再切换为防御战。

第二条原则：最佳的防御就是有勇气自我攻击

处于领导地位的防御者，已经在顾客心智中占据了最高的地标，防御者提升地位的最好做法是“成为更好的自己”。在顾客心智中，领导者代表行业最佳，同时顾客对领导者抱有更大的期待。因此，领导者必须通过推出新产品或新服务自我迭代，才能强化自己的领导地位。顾客也会认为，领导者自我迭代的行为是引领行业发展的表现，是名副其实的领导者。

且不论海底捞在2020年快速开店导致翻台率下降，利润“断崖式”下跌的情况，就海底捞在此之前的发展历程而言，它堪称中国火锅业战略成功的典范，从迭代行业到迭代自我，很多做法值得中国餐饮品牌学习。比如，海底捞在成为领导者之前，就摒弃了川渝火锅使用“老油”的做法，坚持“一次性用油”；避开川渝市场的火锅“红海”，开辟新市场，并根据新市场调制适合的味型；传统川渝火锅注重口味而不注重服务，海底捞反其道而行之，将服务做到最佳。这些只是海底捞在建立领导地位之前的做法，成为领导者之后，海底捞还持续自我迭代，推出更多新产品和服务。比如，推出辣旋风、番茄锅等更多味型的锅底；推出“半份菜”；根据消费变化，设置更多“小桌”；在服务方面，除了做指甲、手部护理、擦鞋等，有的门店甚至推出新服务“理发”；还针对顾客反映的“服务过度”的情况，推出免打扰服务。就像有些顾客说的，海底捞的服务只有你想不到，没有它做不到。海底捞的自我迭代，或者说自我进攻，尤其是针对服务的迭代为品牌建立了深深的护城河。

区域市场的领导品牌也可以通过自我进攻实施防御。老乡鸡当年在安徽市场的防御战打法之一就是高密度饱和开店，自己和自己竞争。由于门店密度过大，老乡鸡的很多门店之间形成竞争，导致一些门店甚至出现亏损，但饱和开店能有效地防御竞争。因为老乡鸡饱和开店，让肯德基等西式快餐甚至找不到合适的开店位置，也就无法和其竞争。茶饮品牌茶颜悦色在长沙也采取了饱和开店的方法有效地防御竞争。老乡鸡另一个自我进攻的做法是“月月上新”，因为老乡鸡不管是作为中式快餐领先品牌，还是要做“中国人的家庭厨房”，都是需要顾客高频消费的。通过“月月上新”，不断推出新菜品，才能避免顾客流失。如果一直没有新菜品，顾客吃腻了就自然去竞争对手店里了。

近几年的茶饮业一派繁荣，茶饮品牌数量众多，行业产品更新速度非常快，频繁上新产品这种行业风气逼迫所有品牌不得不绞尽脑汁推陈出新，都唯恐落后于人。然而，跟风新产品的做法对大多数茶饮品牌而言未必是正确的，因为它们做了领导者才应该做的事情。如果茶饮品牌没有沉淀自己的招牌产品，就没有认知积累，那么就永远只是一个跟风者，随时可以被替代。不是领导者而自我进攻，往往是自我残害。事实上，茶饮业相对成功的品牌都沉淀了自己的招牌产品。比如，喜茶有“芝士茶”系列，茶颜悦色有“声声乌龙”“幽兰拿铁”等主打产品，7分甜靠“杨枝甘露”迅速走红，桂桂茶凭借“冻柠茶和鸡蛋仔”两大招牌产品获得顾客喜爱。在茶饮业，喜茶、奈雪的茶等头部品牌可以不断推出新产品进行自我迭代，而其他品牌需要围绕自己的特色来迭代产品。

第三条原则：必须封锁对手的强势进攻

大多数企业只有一次获胜的机会，而市场领导者有两次机会：一次是可以通过自我进攻来防御竞争，另一次是可以通过复制对手的行动来防御竞争，但是领导者必须要在进攻者立足未稳前迅速行动。

之所以领导者可以通过复制对手的行动实施有效阻击，一方面是因为进攻者在顾客心智中不占优势，需要一定的时间才能改变局面，这就给领导者留下了时间窗口；另一方面是因为领导者往往拥有更多的顾客群体、更多的门店以及更多的资源优势，它的复制行动可以覆盖进攻者达不到的地方。

海底捞的大多数做法值得称道，但也有一些瑕疵。海底捞虽然以服务为战略，但对于餐饮而言，产品也是不可忽视的。作为领导者，海底捞其实可以明确地树立几道招牌菜，既可以明确自己的品牌，又可以防御进攻。打造招牌产品，其实和服务战略并不矛盾。后来，巴奴就针对海底捞产品的弱势，为海底捞重新定位，称其为“服务主义”，而自己是“产品主义”。巴奴的强势进攻，让海底捞曾一度通过推出“低价毛肚”进行阻击，但这个时候巴奴的“毛肚产品”已经很成功，海底捞无法阻挡。然而，海底捞很快就纠正了错误，行使领导者的“复制特权”，恢复了毛肚的价格，并提升了品质。后来巴奴推出鲜鸭血，海底捞继续跟进。

进攻者的一些动作可以复制，但有一些强势进攻，领导者必须“封杀”，因为它可能打中了领导者强势中的弱势。海底捞面临两个强大的进攻者：一个是巴奴，另一个是湊湊。通过“服务不过度，样样都讲究”，可以断定巴奴在实施进攻战，一旦被巴奴成功贴上“服务过度，菜品不讲究”的认知标签，海底捞的处境就会很不利。对于巴奴的进攻，海底捞应该高度重视，可以从以下两个方面着手：一方面要通过优化服务标准，规避服务对一些顾客的打扰；另一方面，要防御巴奴和湊湊在高端市场的侧翼进攻。巴奴和湊湊分别通过更优质的产品和门店环境，实现了更高的客单价；而海底捞除了提价，并没有相应地提升产品品质。

在茶饮业，柠檬茶、油柑茶等产品爆火的时候，喜茶选择了及时跟进，并获得了良好的市场反响，这是正确的战略。喜茶推出新产品的频率很高，并不是每次都会畅销，但对于领导者而言，防御过头比防御不足更安全。领导者不断推出新产品测试市场相当于“勘探宝藏”，一旦成功，收获巨大。如果领导者静观其变，等到竞争对手成功的时候，再想跟进可能为时已晚。

进攻战

克劳塞维茨指出：“如果无法获得绝对优势，就必须灵活运用现有力量，在决战地点创造出相对优势。”这句话蕴含几个关键点，道出了进攻战的精髓。首先，企业在制定战略之前，先要衡量自己在行业中的位置和实力，领导者打防御战，“有实力的”跟随者打进攻战，至于达到什么程度才算是“有实力的”，需要企业认真地评估。其次，要在决战之地创造出“相对优势”，非决战之地的优势不是真正的优势。当今餐饮大决战在顾客心智中展开，所以进攻者核心是要创造相对心智优势，而不仅是产品、渠道等优势。这里的“创造出”就是要集中资源且灵活运用资源来形成相对优势。“相对优势”就是要盯着领导者，不要只盯着自身，全方位地与领导者对比之后，这时的优势才是真正的优势。

第一条原则：领导者定位中的强势是主要考量因素

“知己知彼，百战不殆”。知己和知彼是一体两面，仅知己或知彼都是片面的。进攻者分别罗列出自己和领导者的各项信息只是第一步，还需要与领导者进行对比。通过对比，知道了两者之间相对的优势和劣势，这才是真正的知己知彼。很多企业无视竞争，秉持只做自己的理念，认为只做自己就是保持差异化。其实差异化是需要对比的，如果领导者在你的差异化上也很强，你将没有任何优势。

领导者必然在顾客心智中拥有一个强大的定位，进攻者必须针对领导者的定位进攻，不是直接进攻，而是用一个不同的定位进攻。进攻者通过这种方式，不断拿走领导者的市场份额，最终取而代之。无论何时，进攻者都应该冲着取代领导者的目的去做。

在茶饮业，喜茶占据领导者地位，它的强势在于开创了现制茶饮，并拥有更多的顾客、最大的市场份额。由于处于领导地位，喜茶可以通过不断推出新产品和复制竞争对手的产品来压制竞争。奈雪的茶应该打进攻战，要针对喜茶的强势——开创者的身份以及拥有更多的顾客、最大的市场份额进攻。

在火锅业，海底捞占据领导地位，它的强势在于占据了“服务”的定位，也同样拥有更多的顾客、最大的市场份额。巴奴等品牌就要针对“服务”进攻，能击败海底捞“服务”定位的，不是更好的服务，而是服务之外的定位。

第二条原则：找到领导者强势中的弱点出击

要进攻领导者强势中的弱点，关键词是“强势中的”，而不是别的弱点。领导者当然存在一些弱点，但只是普通的弱点，是完全可以弥补的弱点。如果进攻的不是领导者强势中的弱点，有可能打草惊蛇，让领导者及时弥补了弱点，它将变得更强大。只有蕴含在领导者强势中的弱点，才是领导者无法避免的弱点，这种“弱点”和“强势”相伴而生，若想避免弱点就必须付出同时放弃强势的代价。

喜茶的强势在于开创了现制茶饮，并拥有更多的顾客、最大的市场份额。由于处于领导者地位，喜茶就必须尽可能地拓展更多的顾客，让更多的顾客喝茶饮，也就是说喜茶无法采取只选择一部分顾客的战略。奈雪的茶却可以如此，它也正是这样做的。奈雪的茶偏重拓展女性顾客，它的名字也偏向女性的喜好，很多门店营造的环境更受女士喜爱。然而，奈雪的茶做得还不够，它应该有意识地针对女性顾客制定长期战略，并将这一战略做到极致，如此才能凸显“女士的茶”的定位。比如，奈雪的茶可以深度研究女士的审美、口味、消费习惯等，并根据这些研究结果强化战略打法。《2021新茶饮研究报告》数据显示，女士是茶饮消费的主力人群，奈雪的茶如果将“女士的茶”这个定位做强、做大，企业价值将迅速提升。

海底捞的强势是服务，然而有一些顾客认为海底捞“服务过度”。“服务过度”并不是其固有的弱点，海底捞很快就推出了“免打扰服务”，而且海底捞通过优化服务体系也可以避免“过度服务”造成的打扰。再者，一些顾客认为的“过度服务”却是大多数顾客认可的“必要服务”，因为大多数顾客就是冲着海底捞的服务去的，海底捞的成功也验证了这一点。蕴含在海底捞服务中的真正弱点是“海底捞不能同时拥有两大强势”，它不能既是服务最好，又是产品或其他方面最好。事实上，海底捞也没有把品牌建设放在服务之外的任何一点上。虽然海底捞的产品也不错，但海底捞在产品方面没有强势的认知。巴奴正是利用了海底捞的强势中蕴含的弱势，将其定位为“服务主义”，而把自己定位为“产品主义”。巴奴也一直有意识地将海底捞和巴奴的竞争定义为“服务主义和产品主义”的竞争。

“产品主义”的进攻就是要让顾客选择火锅的时候将“产品”作为最重要的评价指标，吃火锅更重要的是产品，而不是服务。“产品主义”的最终目的是让服务变得不再那么重要，服务的价值不应该作为火锅最重要的价值。“产品主义”让巴奴找到了自己的优势位置，并始终围绕这个位置配置战略。巴奴在战略方面的投入和定力称得上行业典范，值得很多餐饮企业学习。在传播方面，巴奴存在一个小小的瑕疵，巴奴诉求“服务不过度”属于暗示性攻击，并没有打击到海底捞强势中的弱势。

第三条原则：尽可能地收缩战线

既然无法拥有绝对优势，进攻者就要形成相对优势。将兵力尽可能地集结于狭窄的阵地，才能形成局部兵力优势。打进攻战的企业，要想打赢领导者，不能奢望一下就能取得全面胜利，要先取得局部胜利，再逐步扩大战果。

从产品角度来看，推出“全线产品”是领导者才有实力做到的，进攻者则要尽可能地减少产品，甚至一个阶段最好只推一个产品。领导者的市场规模大，有强大的实力同时推出多个产品，而且因为其市场规模大，才能实现总成本领先优势。领导者在核心产品之外，不断推出新产品或复制竞争者的产品，既能保持客户不流失，也能持续创造利润。进攻者则没有领导者的优势，只有把资源聚焦于更少的产品、更少的市场才能“以少胜多”，让少数产品的销量超过领导者的某一产品。

奈雪的茶需要收缩战线获得局部优势。在产品方面，应分阶段打造女士喜爱的爆款产品，通过一个个爆款不断拓展女性顾客，强化“女士的茶”的认知。实际上，虽然奈雪的茶有意识聚焦拓展女性顾客，但并没有在产品上高度聚焦。曾经很长一段时间，奈雪的茶和喜茶的差距并不大，但领先优势一旦形成，时间就是领先者的朋友，而不是落后者的。竞争形势已经不利，奈雪的茶应该采取收缩战线的战略。收缩战线并不只是收缩产品，还要收缩市场选择范围和门店选址范围。

同样是进攻者，巴奴在很多方面就采取了适当的战略。巴奴收缩战线的具体做法是，打造更小的门店面积，提供更少的菜品数量，而且有意识地选择更好的位置开店。巴奴还针对海底捞采取了相对高价策略：一方面，高价避开了海底捞的价位段，这也是海底捞难以采用的高价战略，因为海底捞如果把价格提高到和巴奴一样将会流失很多顾客，这是它不可承受的。另一方面，巴奴采取高价策略也是“产品主义”战略的一个配称，因为顾客相信“一分价钱一分货”，价格高的产品更好。高价策略也能有好的利润，企业才有更多的资金去投入。

侧翼战

《商战》一书中讲道："最成功的商战大多都是侧翼战。"没错，侧翼战是一场华丽的冒险，虽然充满风险，可一旦成功，战果辉煌。行业中大多数企业都不能打防御战和进攻战，而是要寻找侧翼战的机会。侧翼进攻未必成功，但直接进攻注定失败。事实上，与直接向领导者进攻的风险相比，侧翼战的风险要小得多。相较于其他战略形式，侧翼战更需要掌握作战原则，因为领导者实力强大，一旦被其"封杀"，将没有生力军再投入战斗。

侧翼战也是商战中最具创意的战略形式，《商战》一书中也提供了很多参考维度和案例。比如，价格维度，可以是低价位侧翼战，也可以是高价位侧翼战；产品尺寸维度，有大和小两种型号产品的侧翼战；还可以从渠道方面发起侧翼战；还有特性侧翼战，等等。中国餐饮业的丰富性和市场的巨大容量，为餐饮企业发起侧翼战提供了广阔的天地。

第一条原则：最佳的侧翼战应该在无争地带进行

之所以打侧翼战，是因为自己处于跟随者的市场地位，实力无法与领导者抗衡，也无法与领导者争夺已有的市场。如果不能成为这个领域的第一，那么就在另外一个领域成为第一。侧翼战本质上是开辟一个新领域，避开与领导者的正面竞争。

在一个成熟的大品类中，领导者可以通过品类分化防御竞争，跟随者则可以通过品类分化侧翼进攻。从老品类中分化出的新品类必须有足够大的差异，要让潜在顾客把你当成新的品类。新品类是一个无争地带，但也没有现成的市场。新品类的侧翼进攻能否成功，取决于你是否有能力不断开创，让新品类成长为一个大品类。在没有成功之前，谁也不知道侧翼战的结果如何。然而，侧翼战不能靠测试来判断能否成功，因为侧翼战本来就是在无争地带展开，无人和你竞争，企业家需要以开荒者的精神开拓出一片新的世界。iPhone成功之前，调研机构认为没有人会需要价格高达5000元的智能手机。

单纯从侧翼战的第一条原则来看，呷哺呷哺是打侧翼战的典范。呷哺呷哺避开了中国火锅的竞争“红海”，开创了呷哺呷哺小火锅，并一度成为火锅行业第二大企业。呷哺呷哺小火锅一方面满足了“一个人也可以吃火锅”的新需求，另一方面开创了小火锅的新市场，比如让小火锅成为工作餐等非聚餐场景的新选择。同时，呷哺呷哺采取高性价比策略，让其侧翼战更具威力。在一人吃小火锅的无争地带，呷哺呷哺迅速获得成功，但后来它似乎忘记了自己是如何成功的，连续出现战略失误。比较明显的错误有两个：一是在门店增加了多人聚餐的大火锅，这就打到了传统大火锅的阵地，这个阵地强敌林立，“小火锅”对阵大火锅没有任何胜算；二是提高了客单价，让原来的性价比优势荡然无存。呷哺呷哺也为战略失误付出了相应的代价，全国门店出现大范围亏损，市值也一落千丈，之后决定关店200家。

呷哺呷哺公司的另一个侧翼战案例就是湊湊火锅，如果说呷哺呷哺小火锅是“小型产品及低价位”侧翼战，那么湊湊就是“大型产品及高价位”侧翼战。湊湊火锅打造了更好的门店环境，配置了更宽大的座位，提供了更大的火锅锅具，同时提供了高品质、高价位的菜品。湊湊应持续在“高品质火锅”的战略上发力，将“高端火锅”的特性凸显出来，而不是大规模地开店。如果不能与海底捞及行业其他竞争者有足够大的差异，那么湊湊将一步步地失去竞争力。

在餐饮业，侧翼战非常普遍。贤合庄卤味火锅可以理解为“新味型侧翼战”；我们服务的尚一汤将粤菜中的炖汤作为差异化、桂桂茶茶饮将冻柠茶作为差异化，餐饮品牌将一个产品或一类产品作为主打招牌来侧翼进攻的情况，可以归纳为“特性侧翼战”，茶饮品牌“7分甜”聚焦

"杨枝甘露"也可以归于此类。

第二条原则：战术奇袭应该成为作战计划中最重要的一环

侧翼战第一条原则已经阐明，侧翼战要在无争地带展开才是最佳选择。如果你发起侧翼进攻之前，让竞争对手提前有所应对，那么原本的无争地带就消失了。因此，侧翼战本质上是一场奇袭，而且越"奇"越好。让竞争对手在短时间内难以有效反击，侧翼进攻才能出奇制胜。这一点和进攻战完全不同，进攻战的目标和指向都非常明确。比如，巴奴打进攻战的终极目标就是要让"产品主义"取代海底捞的"服务主义"。

很多时候，企业害怕失败，于是在发起侧翼战之前喜欢做市场测试和调研，殊不知测试和调研本身可能会成为侧翼战失败的最大原因。因为这样会暴露战略意图和战略部署，极可能引起领导者的警觉和"封杀"。换个角度思考一下，如果测试失败，就意味着要放弃侧翼进攻，但有的成功是需要靠充足的资源推动的，而试探性的测试由于没有投入充足的资源极容易导致失败，这种测试反倒造成了误导，从而白白浪费了战略机会。如果测试成功，就会"打草惊蛇"，一旦领导者进行"封杀"，将导致侧翼进攻失败。当然，领导者也许是傲慢的，甚至是迟钝的，对你的侧翼进攻不屑一顾或浑然不觉；但不要忘了军事上最重要的原则是"战略应建立在敌方所具备的能力上，而不是建立在敌方可能的反应上"。

桂桂茶茶饮发起的"一分钱请全上海喝杯冻柠茶"的营销活动，就是一次成功的战术奇袭。桂桂茶重新梳理了战略，明确了"冻柠茶"为战略产品，之后迅速发起"一分钱请全上海喝杯冻柠茶"的活动，并很快冲上了"上海冻柠茶排行榜第一名"。该活动将"桂桂茶"和"冻柠茶"紧密地绑定在一起并进入顾客心智。活动后，桂桂茶的门店营业收入和品牌热度得到大幅提升。从奇袭的角度来看，之前从未有茶饮品牌大规模地举办"一分钱请全上海喝杯冻柠茶"的活动，该活动称得上新奇。正因为从未有品牌举办过，没有可供参考的资料，所以谁也不知道活动能取得多大的效果。制定战术奇袭方案只要遵循一定的原则，就可以提升成功的概率。“一分钱请全上海喝杯冻柠茶”的活动也是其他茶饮品牌很难“封杀”和跟进的，因为桂桂茶长期将冻柠茶作为招牌产品，具备一定的认知基础，而其他品牌没有冻柠茶的认知。关于这一活动，后文的案例会详述。

第三条原则：追击与进攻同等重要

克劳塞维茨指出：“乘胜追击是赢得胜利的第二次行动，在许多情况下比第一次行动更重要。”企业在无争地带通过战术奇袭赢得侧翼战的第一次胜利，这里胜利有两个关键因素：一是无争地带，二是战术奇袭。然而，胜利之后这两个因素就会消失，因为领导者会开始防御，跟随者则蜂拥而至。因此，企业不能停下来享受胜利的果实，必须乘胜追击，扩大领先优势，甩开领导者和跟随者。

很多企业往往会低估新产品或新业务的潜力，取得初步胜利便停止继续推动，之后就推出更多的新产品，企图在新产品上获得成功。这是严重的错误，停止追击会浪费为数不多的战略机会，而且把资源投入新产品上也未必能够获得成功。企业常犯的另一个错误是，喜欢投入资源挽救失败的产品。那些失败的产品之所以失败，是因为它们本身就是“扶不起的阿斗”。正确的做法是果断放弃失败产品，巩固已经初见成效的产品。

桂桂茶的“一分钱请全上海喝杯冻柠茶”的活动获得成功之后，推出了更多的新产品，但这并不是前面所说的停止对成功产品的追击，因为桂桂茶推出的新产品主要还是冻柠茶系列，比如更大杯的冻柠茶“吨吨桶”，让冻柠茶“发烧友”更尽兴；还有双倍酸的冻柠茶，风味更突出。推出这两款冻柠茶新产品的意义在于，既拓展了冻柠茶的品类，也实现了防御的目的。桂桂茶追击的动作不止于此，第二年展开了规模更大的“一分钱请全上海喝杯冻柠茶”活动。活动取得的成果充分显示了追击的威力，第二年的参与人数和产品销量都比上一年翻了一番。通过战术奇袭和追击，桂桂茶只用了一年多时间就实现了业绩翻倍提升。

游击战

“敌进我退，敌驻我扰，敌疲我打，敌退我追。”毛泽东同志用16个字总结了游击战的精髓。“游击”二字本身就揭示了游击战的战法，就是要机动灵活，根据竞争对手的动向随时调整战法。打游击战还应不计一城一池的得失，保存实力才是最重要的。善用游击战可以让小企业在巨头的笼罩下获得一隙生存空间。企业规模的大小是相对而言的，是和同一行业的竞争者比较，而不是和其他行业的企业比较。制定战略是根据行业竞争情况，而不能只看企业自身情况。

第一条原则：找到一块小得足以守得住的阵地

这个阵地为什么要小？主要是由兵力原则决定的，小企业资源不足，要尽可能地缩小战场以形成相对兵力优势，才能抵挡大企业的进攻。打游击战的企业不必担心因为市场小而消亡，反倒要警惕盲目扩张而遭遇失败。中国餐饮业的现实情况是，由于进军多个市场并推行多品牌战略而遭受损失的案例非常普遍。那些“沉得住气”打游击战的企业，规模虽然没有发展很大，但盈利状况很好，活得很滋润。

这个阵地的“小”，可以是地理意义上的“小”，也可以是消费需求体量上的“小”，还可以是其他方面的“小”，总之是小到让大企业放弃进攻。

在地理范围上聚焦一个小市场是最为普遍的做法。在我国各地城市中，有不少生意很好的特色饭店。它们可能数十年只在一个城市发展，甚至只在一个城市的某个区域，可能只有寥寥几家门店，但口碑很好，是很多顾客就餐的首选。麦当劳、肯德基、海底捞、西贝等大品牌的存在也无法“收割”它们，因为它们各具特色，能迎合本地的消费需求，而这些是大品牌难以实现的。

比如，胡辣汤是河南人喜爱的早餐，就算麦当劳、肯德基等大企业也推出胡辣汤，人们想喝胡辣汤的时候还是会优先选择本地的“方中山”等品牌。从品类发展角度来看，当下全国性的大品类其实也是从区域品类发展起来的，比如火锅、烤鱼、酸菜鱼等。然而，像河南胡辣汤这样的具有区域特色的品类，目前能接受的只局限于河南市场，要成长为被全国普遍接受的品类还需要一定的时间。各个区域的餐饮品类都有其属性，被接受的难易程度也会不同。如果你的品类属于普及程度不高的，接受难度大的，那么最好还是坚持打好游击战，蓄积实力，耐心等待机会。

北京簋街的胡大小龙虾是游击战的典型案例。创立之后的很多年，胡大小龙虾只在簋街开店，一条街五六家门店，店店生意火爆。多年坚守不出，胡大小龙虾几乎成为北京簋街的代名词，提起簋街顾客就想到胡大小龙虾。多少品牌在簋街进进出出、沉沉浮浮，胡大小龙虾始终屹立不倒。

除了在一个狭小的区域打游击战，还可以瞄准一个高价位展开游击战。川菜品牌“马旺子”就是如此，且不论其未来的战略走向，单论初期的打法的确是游击战。马旺子在川菜中算得上高价位，客单价是很多川菜馆的两倍，与高价匹配的还有菜品品质和门店装修，以及营销方面的投入。马旺子在门店数量不多的情况下创造了很高的品牌势能，常常门庭若市，很多顾客愿意排队几个小时等候。此外，大董烤鸭也算一个高价位游击战。

游击战有时候看起来像侧翼战，但两者之间有一个重要的区别：侧翼战是贴近领导者包抄奇袭，目标是从领导者那里抢生意；而游击战是要远离领导者，竞争对手有可能是别的品类。比如，大董烤鸭的价位已经高到让顾客不会在它和全聚德之间选择，因此大董烤鸭不会对全聚德构成威胁。大董烤鸭真正的竞争对手是那些高端粤菜或其他宴请类的餐厅。

第二条原则：无论多么成功，都不能像领导者那样行动

如果小企业通过游击战获得一定的成功，一定不能忘记成功的原因，也不能因此改变做派，像领导者那样行动。游击战之所以能取得一定的成功，除了找到了一个足够小的阵地，还因为小企业机动灵活，能够迅速行动。大企业机构庞大，层级多，决策周期长。小企业则应精简机构、简化流程、快速决策，这样就能把更多人力、物力、财力投入一线，在市场发生变化时能够快速做出决策，及时应对。

打游击战的餐饮企业，因为门店数量少，管理难度也没有大企业那么大，根本不需要太多的后台管理服务人员。企业管理者需要经常去一线，以便掌握顾客需求和市场变化，及时改进经营，及时处理日常管理问题，提升效率。

中国餐饮人非常热爱学习，通过学习了解市场变化、获得新的管理思想和管理方法很有必要，但不能盲目照搬学到的方案，要识别哪些是适合自己的，哪些是不适合自己的。人人都希望成功，而且只有成功案例才会让人相信，所以餐饮人往往学习大企业的成功案例。事实上，成功难以复制，照搬大企业的战略也很难获得成功，很多时候反倒需要和大企业保持差异化。

第三条原则：随时准备撤退，“游击队”只要活下来就可以再战斗

游击战的核心就是灵活机动，不能和领导者硬碰硬。竞争形势不利

的时候，一定不能犹豫，要果断放弃原有的“阵地”或产品，因为“游击队”没有那么多的资源，允许浪费在注定失败的战斗中。应撤退到一个安全的地方，蓄积实力，再伺机而动。

假如你在一个地级市经营了几家火锅店，很不幸某一天海底捞来了，对你的生意形成了很大冲击，怎么应对？要先想一下海底捞的强势，它是火锅领导者，服务好。你肯定不能和海底捞比服务，避开这一点后，要迅速行动。有以下三种可能有效的应对办法：一是思考一下和海底捞相比你有没有差异化优势，如果有就强化这一优势；二是适度调整菜品结构，和海底捞错开价位；三是开发一些海底捞没有的特色菜品。如果这几个动作还是无效，就要考虑关店或者改变经营品类了。总之，拖下去会越发被动，也会耗尽之前的所有战果。打游击战的餐饮企业要在“海底捞们”来之前就思考应对之策，尽早筹划可行之道。

中国餐饮品类如此丰富，市场容量如此巨大，和侧翼战相比，餐饮游击战同样有很大的空间和机会。重要的是不要跟风，要做不同。一些传统的烹饪技法，一些传统的特色美食，一些复杂的手工制作，都可能是领导者攻击不到的“一块小得足以守得住的阵地”。餐饮创业者也不必总是怀着“千城万店”的梦想，可以先打一场游击战，做小而美、小而强的餐饮品牌也是不错的开端，蓄积了创业经验和资源，将有新的机会进入更大的战场。

本章小结

五种战略模型

根据形势使用

第16章　餐饮大决战的战略聚焦法则

一颗雨滴的力量很小，但雨滴落下，从千沟万壑汇聚成溪流，又汇入大河，就成为难以阻挡的洪流。太阳的能量巨大，但它的光芒因为分散，成为人们可以享受的温暖阳光，如果用凸透镜把阳光汇聚于一个焦点，太阳的光芒就又能点燃火柴。

商业上的“聚焦”概念源于物理学，物理聚焦产生的显著效应启发了商业理论的创新，艾·里斯将“聚焦”概念引入定位理论，并出版了《聚焦》一书。他在书中指出：“只要存在竞争，就没有任何企业能够100%地赢得某个市场，所以必须聚焦。”“聚焦”在定位理论中是一个非常重要的概念，聚焦概念的提出，丰富了定位理论，对企业战略实践具有重要的指导意义。

战略聚焦的含义

无论是自然界的水流汇聚现象，还是物理学的光线聚焦，都揭示了一个原理：分散的事物彼此“汇聚并协同”，才能产生“共同作用力”。因此，商业上战略聚焦的含义可以归纳为，协同使用所有资源以实现单一战略目标。

战略有品牌战略和企业战略，这里我们把战略聚焦分为品牌战略聚焦和企业战略聚焦两个层面。

品牌战略和企业战略

企业必须不断开创顾客才能生存，企业开创顾客的方式是创建品牌，当新机会出现时，企业应及时推出新品牌，把握新机会。因此可以说，品牌战略是企业战略的基本单元，企业战略就是品牌战略之和。换言之，企业战略是通过品牌战略把握战略机会。如果只把握一个战略机会，就是单品牌企业战略；如果把握多个战略机会，就是多品牌战略。

品牌战略就是通过一套独具的运营活动，让品牌在潜在顾客心智中占据一个价值独特的定位。品牌战略可以简化为一个公式：品牌战略＝定位×配称。

品牌战略聚焦

根据品牌战略的定义，品牌战略聚焦就是协同所有运营活动去占据一个价值独特的定位。品牌战略聚焦通过认知聚焦和运营聚焦两个层面来实现。认知聚焦就是品牌的“言”，运营聚焦就是品牌的“行”，品牌只有做到“知行合一，言行一致”，才能得到顾客的信任，进而被顾客选择。

认知聚焦

认知聚焦就是品牌向潜在顾客所传达的信息必须保持一致性，这些一致性的信息协同发生作用，一致性地指向一个目标，这个目标就是让品牌在潜在顾客心智中建立一个价值独特的定位，定位就是认知聚焦的焦点。传达信息除了保持一致性外，还要剔除多余的无效信息和不利于强化定位的干扰信息。

比如，丰茂烤串围绕“现穿”的定位，进行一致性的传播。在门店门头上和广告灯箱上输出“羊肉现穿才好吃”，在店内设置了现穿的操作明档，在自媒体、第三方媒体上都一致性地输出“现穿”的信息，甚至还举办了“现场穿羊肉串比赛”的公关活动。以上动作无一不是一致性地指向“现穿”这一定位。品牌传播中如果塞入的信息过多，将会使核心信息变得模糊。另一个把信息传达一致性发挥得淋漓尽致的是巴奴毛肚火锅，它对“毛肚”的传播无处不在。

建立品牌定位需要传达的一致性核心信息主要包括文案信息和视觉信息。文案信息又称品牌话语体系，包括品牌名、品类名、定位广告语、“信任状”表达语、品牌故事等；视觉信息又称品牌视觉体系，包括品牌LOGO、品牌专属字体、品牌主色调、品牌代表品项、品牌平面广告等。

运营聚焦

运营聚焦就是剔除无效或低效的运营活动，加强高效的运营活动，从而提升运营效率。运营聚焦的核心是“一加一减”，因为企业的资源是有限的，必须要把资源倾斜于符合战略的运营活动上。按照品牌战略的含义，“一套独具的运营活动”和“一个价值独特的定位”之间是因果关系，品牌必须要有自己独具的运营活动，才能占据价值独特的定位。运营聚焦就是要在品牌独具的运营活动上“做加法”，在非独具的运营活动上“做减法”。《升级定位》一书中将战略配称分为行业的通用配称和品牌专属配称，品牌的专属配称就是品牌独具的运营活动。

我们以中式快餐行业为例，老乡鸡“独霸”安徽市场的阶段，诉求“吃饭就到老乡鸡，干净放心”，“干净放心”在现在来看似乎是最基本的诉求，但当时老乡鸡的竞争对手是大街小巷无数的“夫妻店”，它们做不到干净卫生，所以老乡鸡的“干净卫生”就是品牌专属配称，是有价值的、有竞争力的。老乡鸡成为中式快餐全国领先品牌之后，发布了“月月上新”的战略。这一战略的意义何在？因为老乡鸡要做中国的“家庭厨房”，既然是“家庭厨房”，就是要让顾客高频消费。如果没有新菜，顾客吃腻了就去别家餐厅了。老乡鸡建立了“月月上新”这一专属配称，就是为了捍卫自己的领先地位。那么，老乡鸡的运营聚焦就应该在“月月上新”上做加法。

另一个中式快餐巨头乡村基推出了新品牌“大米先生”，做“现炒的快餐”。顾客看到“现炒”就会产生“现炒的菜热气腾腾，新鲜好吃”这样的预期。那么，“大米先生”就应该在“现炒”上发力，比如尽可能地采购新鲜的蔬菜，配置人数充足的炒菜师傅，保证所有菜品都是现炒的。

“月月上新”和“现炒”都可以作为品牌的专属配称，并且各具优势。如果有快餐品牌诉求“快”，那么这个策略将是无效的。因为“快”是快餐行业的通用配称，某个品牌稍微快一点，并不具有明显的差异化和较大的价值。

再看火锅行业，海底捞围绕“服务”建立了很多的专属配称，比如每餐多次给顾客递毛巾，给顾客表演舞面，给顾客庆祝生日，还有给顾客做指甲、擦皮鞋，等等。因为海底捞的定位是“服务”，海底捞做的这些是能够强化定位的专属配称。巴奴毛肚火锅围绕“产品主义和毛肚”建立了专属配称，比如给顾客示范涮毛肚、盛菌汤、调料碟等，一切都是为了让顾客有良好的产品体验，通俗地说就是“服务顾客吃好喝好”。巴奴毛肚火锅把运营聚焦在“如何好吃”上，它的服务也就聚焦在“服务顾客吃好”上。

在火锅行业使用老油还比较普遍的阶段，有一些火锅品牌诉求“一次性用油”。它们在桌子上放置墨水，顾客用完餐后服务员会当面把墨水倒入火锅中。在那个阶段，这个做法可以成为品牌的专属配称，能快速提升顾客的信任感；但到了今天，如果有火锅品牌仍以“一次性用油”为主要宣传点，就没有太大意义了。火锅行业还有一个进化就是普遍采用了“下排风系统”，在很大程度上克服了吃完火锅一身味的痛点。如果哪家火锅还没有这个行业通用配称，将会大大削弱品牌竞争力。

企业战略聚焦

商业上的战略聚焦就是协同使用所有资源以实现单一战略目标，而企业战略就是通过实施品牌战略把握战略机会。如果企业只有一个品牌，那么这个品牌自然就是企业的单一战略目标。如果企业有多个品牌，那么多品牌战略的“单一目标”如何定义？什么样的多品牌战略才能实现企业战略聚焦？

根据企业的战略阶段和资源情况，有以下五种企业战略聚焦方式可供参考。

第一种：单品牌主导一个品类

中国大多数餐饮企业都应该将“单品牌主导一个品类”视为长期的单一目标。因为中国市场足够大，很多品类还有很大的成长空间，一些暂时领先或主导品类的餐饮品牌，如果过早地进行多品牌经营，就有可能在未来逐渐把主导品类的机会拱手让给那些持续聚焦的品牌。

品牌占据品类主导地位之后，应该引领品类进化，提升品类价值，拓展品类需求。比如，海底捞主导火锅之后，持续提升服务，优化门店模型，让火锅从原来的特色消费成为家庭日常聚餐的主流选择。

再如，解家河南菜成为河南菜连锁领先品牌之后，并未进入新的品类，而是继续加强河南菜的战略配称，深挖河南菜的潜力，并通过诉求“家庭聚餐，请客吃饭”这一场景，扩展河南菜的需求，从而提升河南菜的品类价值。

第二种：多品牌主导一个品类

当品类发展相对成熟，品类出现分化趋势，领导品牌也会看到分化机会，但要警惕“品牌延伸陷阱”，不能继续用这个品牌进入新品类。一些品类具有多个重要的特性，领导品牌也同样不能继续用这个品牌来代表不同的特性，这时候便可以启动多品牌企业战略，启用新品牌代表不同的特性。

多品牌战略应聚焦同一品类，因为同一品类内，各个品牌可以共用企业的很多资源，有助于提高资源使用效率。如果品类正在衰退，并逐渐被一个新品类所替代，这时候企业则应优先考虑使用新品牌进入该新品类。顺应大势，才是生存之道。

在中国餐饮业，很多大品类具有多个重要的特性。湘菜中的剁椒鱼头、辣椒炒肉、小炒黄牛肉等招牌菜相当于湘菜的特性，川菜中的回锅肉、辣子鸡、毛血旺等相当于川菜的特性。麻辣火锅中也有毛肚、麻辣牛肉、腰片等产品特性和海底捞的服务特性，但麻辣火锅的主要分化路径并非来自产品特性，而是分化为小火锅、串串香火锅、卤味火锅等。

川湘菜、火锅这些大品类虽然具有多个特性，但还没有出现一家通过多品牌主导一个品类的企业。大多数情况是各个企业通过品牌分别占据其中一个特性，只有少数企业通过多品牌战略占据多个特性。比如，谭宗剁椒鱼头和炊烟小炒黄牛肉的背后是同一家企业。

第三种：多品牌主导一个抽象品类

抽象品类就是有一些分类，顾客在购买决策中会涉及，但不是最后一级分类，顾客并不能基于该分类完成购买选择，而且该分类通常关联不到品牌。比如，电器、水果之类就是抽象品类；餐饮业中，快餐、中餐、西餐等都是抽象品类。

当企业规模扩大到主导单一品类已经无法充分利用企业资源的时候，就可以考虑实施多品牌主导一个抽象品类的战略。抽象品类中的各个子品类通常会有相似之处，可以共用一部分企业资源，因此多品牌主导一个抽象品类同样有助于提升企业资源利用效率。

目前，多品牌主导一个抽象品类的企业以国际餐饮巨头居多，如肯德基的母公司旗下拥有多家餐饮品牌。国内这样的餐饮企业还比较少，但已经出现。比如，乡村基推出“大米先生”之后就拥有两家快餐品牌。如果乡村基规模进一步扩大，可以继续以新品牌进入米粉、面条等快餐品类，从而实现多品牌主导中式快餐品类的企业战略。

再如，九毛九集团旗下也有很多餐饮品牌，但目前比较成功的只有“太二”。新推出的烤鱼品牌“赖美丽”实施“我只用活鱼”战略，大有颠覆传统之势，比较被看好，“赖美丽”或许会是下一个“太二”。酸菜鱼和烤鱼的业态可以共用很多资源，如供应链、门店选址、门店装修设计等。

第四种：多品牌主导一个价值网

如果企业开创的新品类对于传统行业是一种颠覆式的创新，那么新品类基本上就无法使用传统行业的上下游产业链了。这时候，企业就需要通过多个品牌来创建新品类需要的新产业链。

苹果公司推出iPhone手机就是对传统手机的颠覆，传统手机的产业链无法用于iPhone手机。苹果公司只有整合创建全新的产业链，才能让iPhone问世。苹果专门为iPhone开发了新系统iOS，推出了全新的软件开发平台App Store，收购了多家产业链相关公司，还整合了屏幕、芯片、处理器等硬件供应链。除了手机，苹果公司还通过软件系统和硬件产品品牌iPad、iMac、MacBook等主导电子消费市场。

阿里巴巴的企业战略是多品牌主导一个价值网的典型案例。阿里巴巴通过淘宝、天猫、支付宝、菜鸟物流等品牌主导电商价值网。

在海底捞崛起之前，火锅业还比较落后，产业链不发达，缺少专业的供应链公司。海底捞根据战略发展需要，不得不进行整合创新，建立全新的产业链。之后，海底捞逐步将产业链独立出去，最终形成海底捞火锅、颐海国际火锅底料、蜀海供应链、北京微海咨询、海海科技等多品牌矩阵，主导火锅品类价值网。

企业通过多品牌主导一个价值网，可以有效降低各品牌之间的交易费用，从而实现协同使用资源；但是由于价值网中的各个品牌同属一家企业，会弱化竞争和创新。当行业产业链逐渐成熟，价值网中的各个品牌可以被外部替代时，企业可以考虑选择外部供应链，并让企业内部价值网中的品牌参与市场竞争，这可以激发各个品牌的竞争力和创新力。

第五种：有限多元化——“主业+投资”型企业战略

当企业规模大到德鲁克在《管理的实践》一书中指出的“规模大到无法管理”的程度，一个价值网已经不能充分地利用企业资源的时候，企业就可以实施跨越价值网的有限多元化战略。

宝洁公司在洗护行业的战略是多品牌企业战略的典范，但随着规模持续扩大，宝洁公司进入更多行业。除了主导洗护行业，宝洁公司还拥有多个行业的多个品牌，比如品客薯片、金霸王电池、南孚电池等。由于过度多元化，宝洁公司的品牌之间无法协同使用资源，甚至彼此之间无序竞争，如飘柔洗发水开始诉求“活性炭去屑”，与同属宝洁公司的海飞丝展开竞争。

艾·里斯在《聚焦》一书中指出：“绝大多数多元化上市企业，分拆后的市值总和要大于分拆前的市值。”这说明过度多元化并不具有最佳经济效益，宝洁模式的多元化也并不是最可行的模式。那么更好的模式是什么？那就是“主业＋投资”型企业战略。

采用“主业＋投资”型企业战略，企业既可以继续聚焦主业，又可以避免把资源投入其他行业而导致过度多元化。相对于跨行业多元化，

“主业＋投资”是一种多元化程度较低、相对聚焦的企业战略。

企业战略就是通过品牌战略把握战略机会，“主业＋投资”型企业战略并没有违背“把握战略机会”这一核心目标，只不过不再局限于“通过品牌战略把握战略机会”这种方式。大企业通过投资的方式介入有潜力的新品类，既不会增加企业管理的复杂性，又不会丧失新的增长机会。BAT、TMD等价值网主导型企业，已经通过“主业＋投资”型企业战略取得很大成就，验证了这一战略模式的可行性。此外，绝味鸭脖和绝了资本也属此例。

中国餐饮市场集中化程度提高，必将产生大量的大型餐饮企业。届时，“主业＋投资”型企业战略也会在餐饮业中得到广泛运用。

本章小结

聚焦产生力量

聚焦形式不同，根据战略而定

第17章　餐饮大决战的品牌传播体系

餐饮品牌要实现认知聚焦，必须要有一致性的传播体系。传播首先要确定传播什么内容，其次才是如何传播的问题。品牌传播体系由品牌话语体系、品牌视觉体系和传播媒介体系组成。

品牌话语体系

品牌名

因为品牌是传播的主体，所以品牌传达需要注意以下三个要点：第一，在品牌传播的任何载体上，都必须出现品牌名；第二，品牌名必须始终保持一致，不能缩写或增加干扰信息；第三，不能用企业名称代替品牌名。

品类名

“品牌三问”：你是什么？有何不同？何以见得？品类名就是回答顾客“你的品牌是什么”的问题，是品牌必须传达的信息。传达品类名需要注意的点和传达品牌名需要注意的前两点完全一致，除此之外，绝大多数情况下品类名需要和品牌名一起出现。

定位广告语

品牌定位回答的是品牌有何不同的问题，定位广告语是对定位的语言表达。因此，定位广告语必须具有准确性、可信性、竞争性和传播性。

第一，定位广告语必须具有准确性，要能准确、清晰地传达定位。品牌“形象派”“创意派”的风格容易导致定位广告语模糊不清，不知所云。比如同样要传达领导地位的定位，“定位派”可能会这样表达，“中国每卖出10台大吸力油烟机，7台是老板”；而“形象派”“创意派”可能会这样表达，“老板，高处不胜寒”。定位广告语还必须包含品牌所属的品类信息，让定位与品类关联，否则这个定位广告换成别的品牌、别的行业也适用。

第二，定位广告语必须具有可信性，有三种方式可让定位广告语具备可信性：第一种方式是可信性来源于品牌的定位，这个定位是准确的，且有认知基础或“信任状”。比如“冻柠茶和鸡蛋仔，桂桂茶两大特色招牌”，这是基于多年来顾客已经知道桂桂茶的招牌产品是冻柠茶和鸡蛋仔，而且桂桂茶在门店、传播媒介上突出了两大招牌产品，提供了顾客可验证的“信任状”。第二种方式是提供具体的信息，如“正宗凉茶，始于1828年”，具体到一个有历史的年份，证明了正宗的定位。第三种方式是提供符合顾客认知的因果逻辑。比如“云南白药创可贴，有药好得更快些”，“有药”和“好得快”之间的因果逻辑是容易被顾客认同的；桂小厨广西菜诉求“好山好水好食材”，“好山好水”才能有“好食材”，这个因果逻辑是具有可信性的。

第三，定位广告语必须具有竞争性，就是清晰地表达了相对于竞争对手你的优势是什么。有竞争性的广告可以把顾客从竞争对手那里转化过来。广告有没有竞争性，一个重要的判断标准就是，看你的广告发布后有没有引起竞争对手的反应。比如，丰茂烤串“羊肉现穿才好吃”的定位广告发布后不久，“很久以前羊肉串”也开始现穿烤串，只不过它为了规避跟风的嫌疑，选择在后厨现穿；而木屋烧烤也在部分门店设置了现穿明档，打出现穿的概念，但木屋烧烤并没有做到“言行一致”，没有让顾客看到有后厨工作人员现场穿串。

第四，定位广告语必须具有传播性，就是不但要让广告容易进入顾客心智、容易记忆，还要让顾客愿意主动二次传播。广告的传播性是需要创意的，也是难度最高的；但创意不能无边无际，必须具有准确性、可信性和竞争性，不能传达定位的创意没有任何价值。广告的传播性难度极高，好的广告是凤毛麟角。如果没有好的创意，也不要刻意为了创意而创意，具备准确性、可信性和竞争性三个关键特性即可。广告传播性的核心是要有“戏剧冲突，简单易记”。比如，香飘飘奶茶“连起来可绕地球一圈、两圈、三圈”的广告语，不但被人们津津乐道，而且几圈绕下来竞争对手就被绕得不见踪影了。巴奴也正是凭借“服务不是巴奴的特色，毛肚和菌汤才是”这一具有戏剧冲突性的广告诉求而成功出圈。

从表达方式来看，定位广告语的表达方式主要有两种：一是直接诉求定位，如“青花郎，中国两大酱香白酒之一”“解家河南菜，河南菜连锁领先品牌”；二是号召行动，如“怕上火，喝王老吉”“经常用脑，多喝六个核桃”。有些情况下，在品牌故事中会组合使用这两种方式。

“信任状”表达语

“信任状”具有品牌可信承诺、顾客自行验证和可信第三方证明三种类型，“信任状”的数量也可以有多个，在传播层面要选择最有力的那一个“信任状”进行表达，要尽可能地准确、可信。选择哪一个“信任状”还有一个参照维度，就是选择能直接证明定位广告语的“信任状”。比如，定位广告语是“大张烙馍村，地道徐州味”，“信任状”是“徐州烙馍非遗传承企业”就能直接证明“地道徐州味”，同时权威可信。丰茂烤串的定位广告语是“羊肉现穿才好吃”，丰茂烤串可用的“信任状”比较有力的有“全国60多家直营店”“四城同获必吃榜”，两相比较，后者更能直接证明定位广告语，因此丰茂烤串在传播的时候就重点突出“四城同获必吃榜”。

品牌故事

定位传播中的品牌故事不是“从前有座山，山上有座庙”这样的故事，而是把品牌名、品类名、定位广告语、“信任状”表达语组合成逻辑自洽并指向一个定位的一段文案。品牌故事要同时回答顾客对品牌的三问：你是什么？有何不同？何以见得？具体示范如下。

品牌故事

好山好水好食材
酸酸辣辣广西菜

吃广西菜，到桂小厨

桂小厨广西菜
广西菜代表品牌

全国21家直营店
连续4年荣获必吃榜推荐

品牌视觉体系

品牌LOGO

传统的VI设计中，都需要为品牌设计一个图形或图案，即LOGO。随着信息化发展，图形LOGO不但容易被淹没在信息的海洋中，还会稀释顾客对品牌名的关注。大多数图形LOGO本身既抽象也没有差异化，对品牌的传播价值不大。种种原因导致图形逐渐被市场淘汰，品牌名的专属字体成为品牌LOGO的新形式而被广泛接受。图形LOGO被淘汰，并不意味着品牌传播不需要图形，只不过需要换成另一种形式来表达，比如品牌的“代表品项”可视为品牌LOGO的替代品。定位理论中的“视觉锤”概念是一种在视觉上强化品牌定位的有效方式，但设计视觉锤有一定的难度，目前视觉锤设计行业还不成熟，如果品牌使用了不适合的视觉锤还会造成视觉干扰，得不偿失。视觉锤本身并非传播品牌定位的必要元素，当然如果有契合品牌定位的视觉锤，将有助于提升品牌定位的传播效率。

餐饮品牌的传播应优先考虑将“品牌名+品类名”设计成“字体LOGO”，之后进行规范应用，向顾客传达统一的视觉印象。品牌字体LOGO设计必须同时具备识别度、契合度和差异性。首先，要让顾客很容易就能识别出品牌名是哪几个字，不能为了追求差异性和所谓的艺术化而牺牲字体的识别度。其次，字体要和品牌的定位相契合，比如高端宴请的粤菜，字体LOGO就不能采用卡通风格。字体与品牌定位的契合度是设计机构需要充分考虑的专业问题。最后，要有差异性，在识别度和契合度的基础上，要体现出品牌字体LOGO的与众不同。比如，桂小厨广西菜梳理定位之后，聘请专业机构“盛开未来”设计的字体LOGO，同时具备了识别度、契合度和差异性，全面优化了桂小厨品牌视觉体系，提升了品牌定位传播效率。

品牌专属字体

如果品牌使用专属字体，就能形成统一、鲜明的视觉形象，增强品牌视觉竞争力。品牌专属字体风格应该与品牌字体LOGO相协调，最好同属一个风格，如果不是一个风格，就要形成互补关系。这是设计机构需要着重考虑的专业问题。品牌专属字体主要用于“定位广告语”“信任状表达语”“品牌故事”等，以突出这些关键信息。“太二酸菜鱼”在专属字体的使用方面是很好的示范，专属字体的协同使用让“太二酸菜鱼”品牌的风格更加鲜明。

品牌主色调

如果品牌协同使用一个主色调，就能让品牌视觉更具差异化，从而提升品牌视觉竞争力。在餐饮业，各个品类、各个品牌的门店往往都“扎堆”在一起，如果门店视觉效果不突出，在竞争中就比较吃亏。如果餐饮品牌在门店上突出使用一个主色调，将有助于形成鲜明统一和独树一帜的“品牌气质”。如果品牌的广告及任何其他传播载体上同样延续品牌主色调，将与门店形成协同效应，这样则有助于强化品牌一致性的视觉认知。关于品牌主色调的应用，“湘菜俩兄弟”费大厨辣椒炒肉和炊烟小炒黄牛肉都非常“暴力”。放眼望去，费大厨辣椒炒肉“一片绿”，炊烟小炒黄牛肉“一片黄”，如此视觉冲击，让顾客难以忘记。

品牌代表品项

品牌在传播中突出一个代表品项，一方面有助于进入顾客心智，另一方面可以给顾客传达一个明确的产品选择。对于餐饮品牌而言，招牌菜是一种常见的代表品项。聚焦“一道菜”的餐饮品牌理所应当要把这道菜作为代表品项，而聚焦一个菜系的餐饮品牌也需要选出一个招牌菜作为代表品项。在餐饮业，创始人“端个盘子”的表现形式似乎没有差异化了，但这种形式也比同时出现多道菜或者多种元素要好。前者起码实现了视觉聚焦，后者则既没有差异化也没有视觉聚焦。如果能把代表品项用创意的方式表达，就能达到很好的传播效果。“很久以前羊肉串”在表达代表品项方面做得比较好，视觉效果非常突出，并在不同载体上或不同节假日输出了很多有创意的表达。

品牌平面广告

品牌平面广告是品牌传达定位、拓展顾客和应对竞争的最直观的形式，当然它并不是唯一的形式，更不是最重要的形式。品牌平面广告的直观在于，它同时传达了品牌名、品类名、定位广告语、“信任状”表达语和品牌代表品项，如果空间允许，它也能传达品牌故事。餐饮品牌最好能够设计一个标准的品牌平面广告，在合适的平面载体上一致性地输出。一个广告同时回答了顾客对品牌的三问：你是什么？有何不同？何以见得？

品牌故事广告片

品牌故事广告片就是把品牌故事视频化，视频可以同时通过视觉和听觉传达品牌定位，让品牌传达更具象化和艺术化。餐饮品牌可以在门店内的电视上播放品牌故事广告片，以加深顾客印象。品牌故事广告片还可以根据品牌故事加以扩展，形成一部品牌自己的《舌尖上的中国》宣传片，让品牌故事具有更丰富的内涵。

传播媒介体系

门店

产品本身就是品牌最好的传播媒介，对于餐饮品牌而言，门店就是最好的传播载体。从拓展顾客、引流到店的角度来看，门头又是门店最重要的部分。门头就是餐饮品牌的门面和招牌，决定餐饮品牌能否吸引顾客的眼球，以及给顾客留下什么样的第一印象，因此需要特别重视。通常，又大又亮的门头更具有视觉竞争力。门店的传播并不是“暴力”

地输出广告，而是协同使用门店门头、广告灯箱等直接传播载体，以及通过门店装修环境、用餐服务等多层面传达品牌信息。比如，巴奴毛肚火锅就是协同使用了多种资源来传达品牌定位。通过门头和广告灯箱，顾客可以清晰地知道毛肚是巴奴的特色。顾客进店之后，店内毛肚的操作明档以及关于毛肚的宣传、菜单等进一步强化了顾客对毛肚的认知。顾客就餐时，看到真实的一盘毛肚，体验到服务员的涮毛肚服务，就彻底被毛肚“征服”。品牌定位是通过一套组合拳植入顾客心智的，“一招半式”不会产生强大的威力。

物料

品牌所使用的物料是可以被顾客看到或接触到的，物料实际上也是品牌传播的一种媒介。因此，品牌需要重视物料的设计和制作。一方面，物料需要呈现品牌、品类，同时在条件允许的情况下，也要传播定位广告语和品牌代表品项；另一方面，物料本身的质量、设计等特征会让顾客对品牌产生一定的认知。高端品牌尤其要注意物料的设计水准和制作质量。餐饮品牌门店的菜单、餐具、打包袋等所有用具，甚至服务员的服饰等，都是能体现品牌传播的物料。用好了物料的确可以为品牌传播加分。

自媒体

狭义上的自媒体顾名思义就是品牌自己的媒体，如微信平台，包括微信公众号、视频号、用于品牌传播营销的个人微信号、微信群等都是微信自媒体。另外，还有品牌网站、抖音、快手、头条等平台的品牌官方号，都是不同的自媒体。对于餐饮品牌，微信自媒体是最基本也是最常用的自媒体。微信自媒体承载着品牌定位输出、营销活动发布、线上订座排号、线上商城、会员管理及与顾客互动等功能，用好微信自媒体就等于拥有了一块“私域流量”，既能节省传播费用，又能精准抵达目标顾客。微信自媒体能否发挥理想的作用，其中运营是关键，包括如何增加粉丝，输出什么内容，等等。自媒体运营既是一项重要又高频的日常工作，也是一项专业性很强的工作，因此餐饮品牌的自媒体需要一支专业团队来负责。

商圈广告

门店所在商圈的传播是可以直接引流进店消费的，因此要充分利用。如果资源允许，餐饮品牌入驻商圈开店时要把商圈广告作为一项重要的配置资源。好的广告资源是稀缺的，一旦拿下就应该长期持有。占据关键的广告资源并充足投放就是占据了一项优势，这样可以防御竞争对手的广告攻势。在商圈投广告，要选择位置好、有势能的广告位，投放量也要充足，要有一定的饱和度，目的是要让品牌在信息的海洋中脱颖而出。商场外立面巨幅广告位、商场中庭巨幅吊缦、地下车库出入口等都是适合的位置。比如，炊烟小炒黄牛肉在上海环球港的广告投放就达到了无处不在的程度，让顾客很难忽视。这样的结果就是，别家门前“车马稀”，炊烟成为“排队王”。当然，炊烟小炒黄牛肉的成功并不是靠广告“催熟”的，而是多项战略配称协同作用的结果。

美团和大众点评

美团和大众点评是顾客尤其是年轻顾客餐饮消费选择时的重要参考平台，也是商家必争之地，因此要特别重视。餐饮品牌应该在做好界面美化、点评监察、及时回复等基本维护的基础上，增加资源投放，提升曝光率，增加引流。尤其新店开业时，应阶段性地增加投放，一鼓作气将品牌传达给尽可能多的潜在顾客，在短期内创建热销的品牌认知，才能带来持续的热销。

除了以上媒介，品牌还可根据自身资源和战略需要，选择增加其他形式的传播媒介。媒介选择在于精准聚焦，同时投放量要充足，如果投放不足或资源分散，将无法取得显著的效果。

品牌公关活动

艾·里斯在《广告的没落、公关的崛起：彻底颠覆营销传统的公关圣经》中指出，打造品牌应首先通过公关活动进入顾客心智，然后才由广告来捍卫品牌。尤其是开创一个新品类的新品牌，是无法仅仅通过广告来建立认知的，因为顾客在不了解新品类和新品牌的情况下，是难以相信广告的。具有认知基础的老品牌也需要公关活动来提升品牌势能，激活或调整顾客认知。品牌制造公关活动应根据自身定位展开，公关的目的是让定位深入顾客心智。

老乡鸡的改名就是一场成功的公关，当年“肥西老母鸡”一夜之间改头换面为“老乡鸡”，在安徽引发了一场“地震”，在人们奔走相告、议论纷纷中，老乡鸡没打“一分钱”的广告，完成了名称转换。我们服务的解家河南菜，统一品牌名为“解家”，并聚焦河南菜品类之后，也是通过“南湾湖寻鱼”“挖掘河南菜”系列活动完成了品牌和品类双切换。桂桂茶茶饮通过“一分钱请全上海喝杯冻柠茶”活动，让桂桂茶冲上上海冻柠茶排行榜第一名，将桂桂茶和冻柠茶紧密关联起来。

本章小结

传播是系统工程

传播什么与如何传播同等重要

第18章 餐饮大决战的战略配称体系

餐饮品牌的经营聚焦是通过构建一整套战略配称体系来实现的，战略配称体系的具体项目包括聚焦品类经营、打造代表品项、打造菜品体系、制定价格体系、聚焦市场开发、门店选址标准、打造门店模型、选择源点人群、选择消费场景、打造服务亮点等。

聚焦品类经营

经营必须聚焦于品牌所属的品类上，不应把资源浪费在品类之外的经营活动上。比如，解家河南菜的品类是河南菜，那么开发菜品就要在河南菜的范围内，不应开发川菜、湘菜等其他菜系的菜品。餐饮品牌开发品类之外的菜品，不但会模糊和破坏品牌所建立的品类认知，而且也不会带来业绩的持续增长。因为一个品牌只能代表一个品类，如果顾客需要别的品类，就会选择相应的专家品牌。比如，西贝曾有一段时期推出了酸菜鱼，味道也许不错，但顾客想吃酸菜鱼时，会优先选择太二。

打造代表品项

品牌聚焦品类是大前提，这一品类中可能有多种不同形态的产品或服务内容，它们都是不同的品项。品牌还应进一步聚焦某一具体的、鲜明独特的代表品项，这样做一方面有利于在认知上形成聚焦，让品牌更容易进入顾客心智并扎根其中；另一方面把资源聚焦于一个品项，可以提升这个品项的竞争力。比如，餐饮企业聚焦资源打造一道招牌菜作为品牌代表品项，用最好的食材、厨艺最高的厨师、最好的器皿，最有仪式感地呈现给客人，那么这道招牌菜的竞争力必定强于竞争对手。

打造菜品体系

顾客的用餐消费通常都不会只点一道菜，仅此一个原因，打造菜品体系的必要性就不必赘述了。如何打造菜品体系在具体操作层面可能需要考虑多重因素，从战略定位的角度需要重点参考以下三个维度：一是核心菜品不能超出品类，二是围绕代表品项搭配核心菜品，三是围绕消费场景构建菜品体系。在品类内选择核心菜品，符合品类认知，也有助于强化品类认知；超出品类选择核心菜品则作用相反。围绕代表品项搭配核心菜品，具体搭配原则是尽可能地避免与代表品项相似，如果有太多相似菜品，将降低代表品项菜品的点单率。具体搭配方法常见的有“一帅九将”“一道招牌、四大金刚、八大护法”等，这是数量上的参考，还要注意“荤素冷热”“闷炒煎炸”等维度的搭配组合。围绕消费场景构建菜品体系，需要着重考虑菜品数量、分量和价格。比如，消费场景主要是高端宴请的，菜品数量要相对丰富，菜品分量不必太大但要精致，还要有一定数量的高价菜品。如果是家常消费就餐，菜品分量就不能太少，菜品数量可以不用太多，但需要经常推出新菜品。除了菜品，还要搭配符合品类和消费场景的酒水、饮品等。菜品体系的打造需要有专业机构提供支持，本书只能提出几条简单的参考建议。

制定价格体系

菜品定价直接关系到品牌战略、企业利润和顾客选择，因此定价也应参考这三个方面。一般而言，领导品牌的客单价处于行业最高价位段，跟随者的客单价相对较低才有生存空间。高端侧翼的品牌定价比领导品牌更高，低价侧翼的品牌要采取明显低于行业的定价。具体各个菜品的定价需要根据菜品体系制定，招牌菜、特色菜可以适当高定价，品类内广谱的菜品适当低定价，最终的客单价要符合品牌战略。菜品体系和菜品价格体系应该是动态的，需要根据市场环境变化和顾客反馈而适当调整，最终达到最优组合。菜品体系和菜品价格体系确定后，如何呈现在菜单上也非常重要，合理的菜单设计可以提高点单效率和经营利润。因此，菜单的设计制作最好让专业机构介入。

聚焦市场开发

就算领导品牌也无法100%地占据某一市场，所以必须有选择性地开发市场。一个战略阶段选择一部分市场，之后把资源聚焦于所选的市场，形成局部优势后再逐步推进新的市场。很多餐饮品牌犯得最多的错误就是盲目冒进，在尚未巩固大本营市场的时候就过早地向外扩张，进入多个市场，结果就是在每一个市场都没有形成领先优势。企业还应根据自身的资源实力和品牌地位选择具体市场。比如，丰茂烤串在北京的市场基础更好，所以优先选择聚焦北京市场开店，完成北京市场布局之后再聚焦布局上海市场。市场选择需要参考的核心原则是，先选择具有消费号召力的地区，比如“先中心城市，后周边城市”“先高势能区域，后低势能区域”，都遵循了消费示范原则。

门店选址标准

门店选址失误是很多餐饮品牌踩得最多的一个“坑”。战略不清的情况下，往往会因为机会主义、侥幸心理、短期利益导向等人为因素导致选址失误。餐饮品牌应根据自身的战略定位和发展阶段制定门店选址标准。比如，快餐品牌就应该选择人流量大的商业区、办公区、交通枢纽等区域开店。品牌势能不高、品类消费不成熟的情况下，需要借助门店位置优势提供品牌信任背书，因此要优先选择人流量大、势能高的核心商圈及高档商场开店。比如，喜茶在品牌发展初期阶段，优先选择在高档商场最好的位置开店，而且一般都是紧贴星巴克开店。喜茶这样做至少有两个好处：一是建立起和星巴克分庭抗礼的高端认知，二是可以直接转化星巴克的一部分潜在顾客。在消费成熟的品类中，领导品牌可以适当下沉，以收割更大的市场。比如，星巴克、麦当劳、肯德基等全球化品牌是市场选择和门店选址方面的典范。门店选址是一门科学，餐饮品牌应根据自身战略、资源等因素严谨论证，制定门店选址标准并严格遵守。

打造门店模型

餐饮门店是打造餐饮品牌最重要的阵地，因为餐饮是一个重体验的行业，所以顾客口碑是品牌的命脉。门店模型是否合适直接决定顾客体验好不好，顾客到店的整个消费过程涉及多个环节，每个环节都是一种体验。从战略发展的角度来看，品牌发展初期应尽可能地聚焦一个门店模型，这样做一方面有利于快速复制，另一方面有利于形成一致性的顾客体验。随着战略发展，品牌扩展到更多市场和区域后，需要根据不同的开店区域及门店位置，打造不同的门店模型，以应对竞争，匹配消费人群及场景。

门店模型包含门店位置、面积，门店门头及外立面，店内装修档次、风格、氛围，以及餐位设置（散台、包间数量配比）等多个元素，这些元素组成的整体感官要符合顾客的消费预期。除此之外，菜单设计、点菜环节、上菜过程等是否有好的体验，菜品品质、用餐服务、埋单送客等过程的体验如何，整个用餐消费的过程决定顾客的整体体验，用餐过程中的每一个环节都考验着品牌的运营能力，运营的挑战同时也是品牌建立良好认知的机会。

选择源点人群

大多数顾客在消费时都会下意识地参考他人的选择。品牌确立定位之后，目标顾客要优先瞄准某一类高势能人群，最初的源点人群可以更好地形成消费示范，让更多潜在顾客跟随消费。选择源点人群时，首先要评估该人群是否适合消费本品类，以及他们在评估本品类消费方面是否具有权威性和说服力。比如，健身教练吃潮汕牛肉火锅、注重身材管理的女士吃椰子鸡火锅就属于既适合又具有权威性和说服力的示范。其次要考量该人群是否对广谱消费具有示范性和影响力。比如，高学识、高收入、高职位等高端人士选择的品牌相对值得信任。

选择消费场景

选择聚焦一个与品牌定位匹配的消费场景有助于形成消费示范，从而拓展更多潜在顾客选择品牌。在品牌发展初期，可聚焦源点人群的主要消费场景配置资源，让源点人群充分认可品牌提供的独特价值，以形成良好的口碑。随着品牌的不断发展，开创了新的消费场景，就应根据新的消费场景配置不同的资源。比如，郑州的解家河南菜聚焦河南菜品类后的初期，着重聚焦服务好家庭聚餐的消费场景。河南菜是本地家常菜，最适合家庭消费，服务好家庭消费，形成良好的口碑，于是家庭顾客又请朋友来消费。解家的消费场景就从家庭聚餐扩展到朋友聚餐，之后又扩展到同事聚餐和商务宴请。解家又根据不同的消费场景配置不同的服务，比如为生日宴布置包间氛围，为商务宴请提供招牌菜南湾鱼的“分鱼头”服务，等等。

打造亮点服务

服务是顾客接触餐饮品牌的重要触点，也是决定顾客就餐体验感的重要因素。如果服务不到位，顾客体验糟糕，必然食之无味、差评连连，那么品牌投入再多的资源都无法形成有效积累。在做好基本服务的基础上，如果能根据品牌定位打造具有亮点的服务，将有助于强化品牌定位。海底捞通过擦鞋、做指甲、递毛巾等多个亮点服务建立了服务的定位。虽然巴奴说服务不是它的特色，但它的特色服务用在了毛肚上，为客人涮毛肚并示范“七上八下”的涮法，正是巴奴强化“毛肚”的亮点服务。尚一汤的特色是广东炖汤，基于炖汤打造了亮点服务，包括两项内容：一是上汤时服务员向顾客传达品牌承诺“尚一汤向您承诺，每一盅汤都精选好食材，炖足四小时”；二是上汤后为客人斟满第一盅汤。

本章小结

配称也是一个系统工程

需要环环相扣，一招半式没威力

第19章 餐饮大决战的战略资源

在餐厅稀缺的时代，一个好厨师就可以让餐厅脱颖而出。在餐饮高速发展的时代，通过强大的运营管理，可以让餐饮企业迅速做大规模。如今，餐饮竞争日趋激烈，竞争环境也变得更加复杂，战略能力已经成为餐饮企业的必要能力和首要思考的问题。企业的战略能力主要体现在思考并制定战略方案以及实施战略两个方面。

企业家可以通过学习和思考制定企业战略，但由于他们身处企业内部，难免受到企业内部琐碎信息的影响，而不能从企业外部视角思考战略。在这种情形下，引入外部战略顾问就很有必要。战略能力是企业的必要能力，要么从企业内部获得，要么通过外部获得。

处于当今的竞争环境，餐饮企业维持生存需要更多的资源支撑，仅凭内部资源难以将战略的全部环节高效地落地。因此，餐饮企业必须充分利用各种外部资源，形成战略联盟，建立高效供应链。在战略的引领下，协同整合优势资源，以形成强大的战略能力。

企业为何需要战略定位咨询公司

对定位有一定了解的人可能都听过，关于定位“一学就会，一用就错”这样的说法。之所以出现这种情况，是因为定位本身是一套完整的体系，想要熟练掌握并正确运用绝非一日之功。我们认为更深层的原因是，定位的思维方式、看问题的角度往往是颠覆式的，甚至有时候看起来不合逻辑，除非经过长年累月的训练，形成定位的思维方式，否则在运用定位的时候极容易陷入教条和片面的陷阱。尤其身处企业内部的企业家，很难真正跳出来看问题。如何避免“一学就会，一用就错”？一言以蔽之，专业的事请专业的人来做。通常情况下，企业内部存在以下三个不足。

企业的不足之一：无法克服的内部视角

每一个组织、每一家企业都需要思考一个问题：我存在的理由是什么？针对潜在顾客，企业则要回答：顾客为什么要选择我？这个问题看似简单，但同一个组织的人，答案未必都是一致的。站在企业内部的视角看自己的企业，有人会认为，我们的产品是最好的，顾客自然会选我们；有人会认为，我们公司的规模数一数二，值得信赖；也可能有人认为，我们有强大的售后团队，能提供良好的服务。如果在企业内部做调研，相信还会有很多答案。正所谓“横看成岭侧成峰，远近高低各不同。不识庐山真面目，只缘身在此山中”。

从企业内部来看，这些答案都是对的，但不一定是顾客心中的答案。企业内部的人非常熟悉自己的企业，对自己企业的看法习惯于参考自己熟知的信息来做结论。例如，对于恒大集团的恒大冰泉，从恒大集团内部来看，恒大集团实力雄厚，全国知名，世界500强企业，想要做矿泉水很简单；但站在企业外部视角看，恒大集团是因为房地产才出名，并不是因为矿泉水出名。因此，恒大集团的房子顾客会认可，但恒大集团做矿泉水就显得不专业了。

“眼睛看不到牙齿，除非有一面镜子”。企业都需要有一面镜子，才能真正看清楚自己。企业真正需要搞清楚的是，顾客为什么选择我而不选择别人，这个选择理由就是定位，就是自己独一无二的位置。只有准确地回答了这个问题，企业才能真正理解自己的存在理由。

企业的不足之二：陷入情感纠葛，难以站在客观角度

企业家辛苦创业，从无到有一手创建企业，无疑对自己的企业充满感情。企业给员工提供了工作岗位和一份收入，员工也对企业无限热爱。爱岗敬业是美德，但企业家和员工看自己的企业就难免陷入情感纠葛中，难以站在客观的角度。特别是企业面临战略调整，需要精简产品、进行业务取舍的时候，阻力往往来源于内部。辛辛苦苦开发出来的菜品，自己感觉都是好产品，舍不得就此舍弃。好多年辛苦经营的项目，难道就要一下放弃吗？这其中充满了不甘。如果放弃这个项目，可能意味着需要裁员，都是兢兢业业的伙伴，放弃谁都于心不忍。实际上，这些不愿放弃的产品或项目，往往并没有什么竞争力，对于企业战略毫无意义。企业内部是不愿意主动放弃一个产品或业务的，很难做到真正理性的思考。老乡鸡之前有好几个项目，后来在引入战略定位后，忍痛舍弃其他项目并聚焦快餐一个业务才真正走上了快速发展之路。

企业的不足之三：战略专业知识的匮乏

哲学上讲“主体构造客体”，也就是说人内在的认知结构决定了人对外部信息的认知。同样一件事情，不同的人往往有不同的见解。人的思维逻辑、知识经验、价值观等内在因素决定人对外界信息的判断。

企业高级管理人员，或者是管理领域的专家，或者是某一项技能的专家，往往在自己的领域很有见解，但一旦超出了各自的专业领域就很难有准确的判断了。“你只能看到你能看到的”，如果没有相关的专业知识，外界的很多信息是“读取”不了的。行业和竞争的变化都需要经过一定的时间周期，身在其中往往不知不觉，通常都是后知后觉。

制定企业战略需要有开阔的视野和深刻的洞察力，要能够清晰地捕捉到行业和竞争的变化，而后制定适合企业的战略，及时规避战略风险，并把握战略机会。这些战略知识和能力，企业内部通常是匮乏的。有一

些企业家即便具有一定天赋，看自己的企业也难免不够客观，更何况是给自己的企业做战略调整了。“医者难自医”，桎梏难以打破。战略定位咨询公司则有企业不具备的三大优势。

战略定位咨询公司的优势之一：外部视角

战略定位咨询公司的工作方式决定了其可以始终保持外部视角。

第一，战略定位咨询公司长期关注商业竞争，对很多行业的发展及竞争格局有宏观的了解，在某一项目咨询工作开展后，第一步不是先研究该项目，而是先研究该行业，避免因为先对项目进行了解而导致先入为主。

第二，战略定位咨询公司会从多维度获取研究信息，避免视角局限。比如，通过研究机构的专业报告，走访市场获取第一手资料，访谈企业各层级人员，项目顾客调研，等等，获取足够的信息后再通过行业竞争、顾客认知、项目自身三个维度的情况分析，最终得出项目战略定位咨询成果。战略定位咨询公司都是团队共同研究，以最大限度地避免个人思考维度及视角的局限。

第三，定位方案落地实施之后，战略定位咨询公司会持续跟进并及时掌握顾客认知变化和行业竞争变化，始终以顾客视角和行业视角审视项目。

战略定位咨询公司的优势之二：保持客观

战略定位咨询公司的角色决定其必须始终保持客观的立场。

第一，战略定位咨询公司的角色是企业的战略顾问，也是独立的机构，其核心价值是协助企业找到一个有价值且可以占据的定位，并提供如何围绕定位构建战略的方案。如果战略定位咨询公司在研究过程中不能保持客观的立场，那么提供的定位方案极有可能是不适合企业的，也就不会取得好的效果，如此战略定位咨询公司就失去了价值。因此，保持客观就是战略定位咨询公司的一条生命线。为了生存，战略定位咨询公司会坚守客观立场。

第二，战略定位咨询公司不直接参与企业的内部运营，也不涉及企业具体运营的绩效考核，因此在提出产品、项目、资源投入等方面战略取舍建议的时候，能规避利害关系因素的影响，始终保持客观立场。

第三，战略定位咨询公司不参与企业的内部管理，与企业内部人员没有工作层级及日常人情关系，因此在涉及评估企业经营基础优劣、营销动作得失及年度战略体检等方面工作时，能规避人情关系因素的影响，保持客观立场。

战略定位咨询公司的优势之三：战略素养

专业的战略定位咨询公司具有三个基本特点，可以保障其战略素养：第一，其核心咨询团队都是多年学习及实践定位的专业人员，已形成系统的知识体系和独立的思考方式，积累了丰富的实践经验；第二，专业的战略定位咨询公司有系统的工作方法及流程，可以保障稳定的专业水准和工作效率；第三，专业的战略定位咨询公司通常会采取团队集体研究项目、专人负责项目实施的工作模式。这样既能发挥团队集体智慧，又有专人负责项目。

专业的战略定位咨询公司的战略素养主要体现在整体感、竞争感、节奏感这“三感”的把握上，保障企业战略不偏航。第一，整体感。专业的战略定位咨询公司在研究工作中会参照整个商业环境、行业发展、竞争格局、顾客认知、企业自身等多方面因素，整体把握企业战略。第二，竞争感。专业的战略定位咨询公司会常态化地关注竞争变化，因此能准确分析竞争形势，提供应对竞争的策略建议。第三，节奏感。专业的战略定位咨询公司会根据定位，规划企业战略节奏，并根据实际情况把握具体的战略节点。

“闻道有先后，术业有专攻”。外行眼里高端的知识，只是内行眼里的常识。企业犯的很多错误都是因为某些领域知识的缺失，花了冤枉钱事小，走了冤枉路而痛失发展良机事大。企业聘请专业的战略定位咨询公司担当长期顾问，相当于为自己的企业装了一个“雷达”，可以提前规避很多战略风险。企业花的咨询费与企业的营业收入以及未来的前途相比，真的只是一点点“零花钱”。

企业战略委员会

制定战略需要“自下而上”，而实施战略需要“自上而下”。企业制定战略方案后，需要一个“战略委员会”形成作战指挥部和行动小组。“战略委员会”必须由企业“一把手”领衔，企业各部门高级管理人员和各家外部机构协同作战，以实现高效决策和行动，并确保企业上下思想和行动的一致性。比如，我们协助丰茂烤串确立了“羊肉现穿”的战略之后，丰茂烤串马上成立“战略委员会”，各部门管理者形成统一共识，围绕“羊肉现穿”战略制定各个职能部门的行动方案。“羊肉现穿”就是丰茂烤串的最高行动指令，企业资源全部朝着这一战略方向聚拢。丰茂烤串全国的门店开始统一设置“羊肉现穿明档”，门店招牌、广告灯箱等媒介统一呈现“羊肉现穿才好吃”，自媒体传播、公关活动全部围绕“羊肉现穿”展开，各项战略配称协同一致，企业上下目标明确。

建立供应链体系

当企业战略明确之后，围绕战略的各项配称工作也有了清晰的目标。目标清晰，企业就很容易评估哪些目标是企业自身能够实现的，哪些目标是需要外部支持的，从而针对目标建立供应链体系。强大的供应链体系是支撑企业战略的有力武器，企业就好比一辆汽车，几万个零部件共同发挥作用，驾驶员才能驾驶汽车高速行驶。对于当今的餐饮企业而言，需要革新思想，重新定义供应链体系，不仅要重视食材供应链，还要根据企业的实际情况建立战略咨询、平面设计、菜单设计、装修设计等方面的供应链。全面整合外部资源，提升企业战略能力。下面对各个供应链的价值做简要叙述。

战略咨询机构

战略咨询机构主要为企业提供以下三个方面的职能：第一，战略咨询机构经过系统的研究，为企业提供系统的战略方案，并监理战略执行。之后阶段性地对企业战略进行复盘，并根据竞争变化提出新的战略建议。第二，战略咨询机构扮演外部顾问的角色，可以经常和企业家进行对话，探讨战略课题和日常战略落地问题，还可以协助企业家向员工传达企业战略目标，指导战略落地执行。第三，战略咨询机构可以为企业对接其他资源，也可以从战略角度为企业对外的合作提供方向性的支持。

平面设计机构

很多餐饮品牌的视觉呈现存在不清晰、不统一、不合适的情况，削弱了品牌视觉竞争力。平面设计机构可以提供适合品牌的视觉方案，优化品牌视觉系统，让品牌在视觉层面的传达更有竞争力，增强品牌的视觉差异化和一致性。此外，平面设计机构还可以为品牌提供视觉管理支持，规范各项应用，提升品牌视觉形象。

菜单设计机构

就重要性而言，说菜单就是餐饮品牌的生命线也不为过。好的菜单设计既能充分发挥品牌战略的效力，也能优化品牌的盈利模式。因为品牌战略的落地需要一系列战略配称支撑，战略效力也会因为执行的欠缺而发生“效能损耗”，所以只有优化战略配称，才能减少战略效力损耗。专业的菜单设计机构可以基于品牌战略，提供菜品体系和价格体系的建议，并设计呈现在实体或电子菜单上。

食材原料供应链体系

打造强大的食材原料供应链体系，可以提供诸多保障：第一，把控食品安全。食品安全是餐饮品牌的“生死线”，之所以频频发生食品安全事件，主要是因为食材供应和管理能力的欠缺，选择专业的供应链可以有效降低食品安全风险。第二，保证食材品质。食品安全是最低标准，而食品品质没有最高标准，是需要不断提升的。专业的供应链企业为了提升竞争力会严格把控食材品质，它们也有能力投入资源选择高品质食材。第三，保障供应安全。由于产量有限或市场变化等因素，可能出现食材供应不足的情况，如果食材供应量不能保障，将直接影响餐饮品牌的经营，有实力的供应链企业有能力通过多种途径保障食材供应。第四，优化食材采购成本。供应链企业通过大批量集约采购，能有效降低采购成本，提升供应效率。第五，选择被顾客认可的供应链品牌，可以为餐饮品牌提供信任背书。

门店装修设计机构

餐饮门店就是“产品”，合理的门店设计可以直接传达品牌定位，门店整体风格、门头、装修环境都可以体现品牌差异化，都可以成为品牌拓展顾客的有力武器。传统装修设计存在很多不足，设计思路局限于设计师本身的认知，不能结合品牌定位思考设计方案，甚至很多设计师为了省事，直接照搬其他品牌的设计，导致很多门店设计同质化。

新的设计理念应该考虑把品牌定位融入设计，让设计传达定位。设计应该配合品牌战略，设计之前先要考虑品牌战略。很多餐饮品牌在门店装修完成后才意识到，需要在门店增加品牌传播的功能，这时候就只能“打补丁”，这里安装一台电视，那里安装一块广告灯箱，结果不但破坏了门店整体风格，也无法达到理想的传播效果。因此，装修设计应该像动线设计和功能设计一样把门店的传播功能纳入设计方案，要提前规划好在视觉效果好的位置安装电视、广告灯箱等传播载体。融入传播功能的一体化设计，在实现传播功能的同时，也能兼顾环境的美观、和谐。

餐饮企业应优先选择理念一致的设计机构，避免增加沟通成本。能够把传播定位融入装修环境的案例并不鲜见，越来越多的餐饮品牌开始革新认知。巴奴毛肚火锅是新设计理念的典范，它的门店采用大面积的黄色，品牌定位的输出也非常“暴力”，但整体并不显得突兀，反而浑然一体，有种本应如此的感觉。这正是把传播融入设计的结果。

广告策划机构

曾经很长一段时间，广告策划、创意、设计、传播等机构承担了一部分品牌战略的工作，甚至目前有一些机构仍然如此。实际上，广告策划、创意设计并不能担当制定战略定位的工作，因为它们的底层理念并不是战略定位思想，没有战略定位的引领，策划和创意就没有确定的边际，就不能让品牌的投入协同一致地指向同一个定位。

那么，广告策划到今天就失去存在的价值了吗？并非如此。在品牌战略的牵引下，广告策划机构不仅可以承担品牌广告设计和发布的工作，还可以围绕品牌战略进行策划、创意等相关活动。优秀的策划机构能为品牌定位提供更具创意的表达方式，让定位更容易进入顾客心智。在活动策划和执行方面具有丰富经验的广告策划机构，可以承担具体的活动执行或顾问工作。我们为桂桂茶茶饮提供的“一分钱请全上海喝杯冻柠茶”公关活动建议，也是通过外聘广告活动公司配合实施的。

媒体机构

仅仅依靠广告无法建立品牌，善用第三方媒体机构、发起品牌公关则事半功倍。公关和广告之间的协同关系可概括为“公关点火，广告煽风”，公关让品牌定位进入顾客心智，广告让品牌定位根植顾客心智，从而防御竞争对手的进攻。

餐饮品牌应根据战略，选择一些合适的媒体机构长期合作，当有新的品牌战略发布时，先通过媒体机构造势，形成认知基础后再配合广告宣传，公关和广告协同，提升传播效率和可信度。再者，专业的媒体机构会从各自的角度为品牌公关提供专业的建议。当品牌出现公关危机时，餐饮企业需要通过媒体机构及时向公众解释和发布解决方案，从而化解危机。

资本机构

中国餐饮品牌的资本化趋势日趋显著，餐饮品牌也需要通过资本化进一步规范运营，获得长远发展。日趋激烈的竞争环境对餐饮品牌的发展速度提出了巨大挑战，仅通过经营利润“滚雪球”式的发展模式已经难以应对竞争压力，经营利润难以支撑快速发展的战略需求。这种情况下，引入资本就成为一种必然。资本机构可以为餐饮品牌提供发展资金，规范企业财税，指导企业上市。需要注意的是，餐饮企业在寻求资本介入的时候，一定要选择价值观一致并认同企业战略的资本，避免被急功近利的资本左右企业战略走向。

本章小结

协同使用资源
提升战略能力

CANYIN
DAJUEZHAN

第五部分

05

案例篇

第20章　解家河南菜：从传统中餐到区域领先

火锅围攻，传统中餐何去何从

从某种意义来讲，2012年是中国餐饮的一道分水岭。这一年，相关政策下达，餐饮需求发生剧变，从此高端餐饮逐渐衰落，很多知名高端餐饮品牌业绩遭受断崖式下滑；而大众消费餐饮开始步入繁荣期，以火锅、烧烤为代表的大众餐饮品类乘风而起，很多大众餐饮品牌被这股风带上了品牌化、连锁化的高速路。

然而，不是所有餐饮品类或品牌都能跟上发展趋势，比如当时的郑州中餐。郑州一度被餐饮业界称之为“火锅副都”，2012年之后，短短一两年间，数千家火锅店开遍全城，经过激烈竞争，最后只有两个品牌经受住考验，不但没有衰退，反而愈加强势，它们是海底捞和巴奴。虽然大量火锅店倒闭，但郑州的火锅消费需求真正被培养起来。反观传统中餐，很多品牌都存在形象老化、顾客群体老化、产品缺乏特色等情况，越来越缺乏竞争力，逐渐被边缘化。

如此一来，当顾客将吃火锅当作一种主流选择，还有多少人吃中餐？火锅围攻之下，郑州传统中餐将何去何从？唯有寻求转型。当时的解家正是郑州传统中餐的代表，首当其冲面临转型问题。2016年，解家河南菜开始与我们合作，从此开启了战略转型之道。

确立品牌：名字有很多，到底用哪个

2016年之前，解家还不是解家河南菜，当时解家在郑州有7家店，每家店的名称各不相同，如解家味道、解家酒楼、解先生又一村、解先生烙馍村等都是店名。如果品牌名不统一，将无法形成合力。如此多名称，为什么最终确定用“解家”而不是“解先生”？解家成立于1996年，20多年来一直做本地家常菜，顾客主要以家庭消费为主，因此“解家”这个名字更贴近顾客，也更简短。

确立赛道：“豫菜”还是“河南菜”

像很多传统中餐一样，解家融合了川菜、湘菜、豫菜等菜系，菜品既多又杂，且没有明确的招牌菜，顾客来解家吃什么？特色是什么？为什么要来解家？解家是什么？当一个品牌在潜在顾客心智中这些问题都不明确的时候，很难具备竞争力，更无法有效开创顾客。因此，解家需要明确一个赛道，即确立品类。根据解家的经营现状、品牌基因等因素，可以不考虑川菜、湘菜，那么最终是选择“豫菜”还是“河南菜”？

通过调研顾客、解家团队，甚至还有郑州当地很多豫菜大师、餐饮人士，我们发现大家对豫菜的认知是不清晰的，每个人对豫菜的解释都不一样。豫菜历史悠久，但因遵循“五味调和、中庸之道”的理念，在发展中逐渐陷入一种“没特色、说不清、不高端”的境地，整个品类认知模糊，处于弱势地位。在豫菜之外，河南民间则有很多值得挖掘的、特色鲜明的招牌菜和特色食材，如信阳的南湾鱼、固始的鸡、南阳的黄牛肉、温县的铁棍山药等。它们特色鲜明，很受顾客欢迎，具有很高的认知度。

因此，我们建议解家聚焦河南菜这一战略方向，即围绕“河南的食材，河南的菜”这一品类方向聚焦经营。基于这个战略方向，解家重新梳理了菜品体系，去掉了川菜、湘菜等很多菜品，新的菜品体系具有很强的河南特色，同时菜品数量大大精简，顾客选择变得简单明了，极大地降低了门店运营负担，提升了运营效率。

为了借助河南长期传播的“老家河南”的品牌认知，最终解家的品牌定位呈现为“解家老家河南菜——来自河南民间的拿手好菜”。解家确定品牌定位后，通过更换门店门头、店内配称、广告传播等一系列措施，一致性地输出了品牌定位。

确立招牌菜：给顾客一个明确的选择

往往一个餐饮品牌的成功，都离不开有几道广受欢迎的招牌菜。顾客在来之前就知道来你家吃什么，所以他才选择了你。河南民间特色菜有很多，哪道菜可以做解家的招牌菜?

我们和解家团队一起深入河南各地，遍寻特色菜和特色食材。最终我们发现了信阳南湾湖，它是国家一级水资源保护基地，水质特别好。周边生态保护得也很好，蓝天碧水，湖光山色。湖里有一种鱼，河南人称为南湾鱼，这种鱼就在湖里自然生长，不用人工喂饲料，因此味道特别鲜美，没有养殖鱼的腥味儿，信阳当地人很喜欢吃。

当我们在湖边的村民家里品尝到南湾鱼后，一致认为这么好的一道菜应该让更多顾客品尝到。在寻找过程中，我们陆续发现了固始鸡、铁棍山药、南阳黄牛肉等特色菜和好食材。经过研究，最终确立南湾鱼为解家第一道招牌菜。通过宣传推广，公关造势，南湾鱼迅速得到顾客的喜爱，上市一年就热销10万多条，几年来点单率年年攀升，成为很多顾客的必点菜。

公关造势：联合南湾湖，打造捕鱼节

在推出招牌菜南湾鱼之前，我们建议解家与南湾湖达成战略合作，每年打造捕鱼节公关活动，助力解家招牌菜的推广。活动效果良好，得到很多媒体的报道，迅速提升了南湾鱼的认知度，让顾客明确了来解家吃什么。几年来，捕鱼节活动得到越来越多的关注，2019年捕鱼节活动期间，抖音上一条活动视频观看量迅速突破1000万人次。

为了推广南湾鱼，除了捕鱼节，我们还帮助解家打造了“六一儿童节童谣大赛”活动，并专门为此撰写了《解家童谣》，内容是描述南湾鱼的。每年都有很多妈妈带着孩子来参加比赛。

解家童谣

解家野生南湾鱼
长在南湾大湖里
野生的鱼儿长得慢
四年才长六斤半
鱼头红焖鱼身炖
营养美味肉质嫩
一条鱼来两道菜
有吃有喝人人爱

乘胜追击：加速开店，扩大优势

通过系统地梳理，解家明确为老家河南菜之后，借助公关造势、广告宣传等一系列打法，迅速建立清晰的品牌认知，很多顾客知道了想吃河南各地的特色菜就到解家，知道了到解家去吃野生南湾鱼。此外，顾客也知道了解家在郑州有很多店，是连锁品牌。

当品牌的认知优势建立后，就应迅速将认知优势转化为现实优势。解家通过加速开出新店，让知道解家的潜在顾客更方便到解家就餐，有效承接了品牌认知资产。目前，解家在郑州的直营门店数量、年就餐人次全面领先于其他中餐品牌，成为很多家庭聚餐、朋友聚餐的首选，年轻顾客也大量增加。

解家品牌势能逐步提升后，很多组织机构纷纷与解家联合举办活动。比如，每年三月三黄帝故里的拜祖大典指定解家为贵宾用餐餐厅，郑州奔驰车友会也选择到解家聚餐。

品牌升级：明确领先地位

解家梳理品牌定位后，通过坚决执行战略，已成功实现从“传统中餐到区域领先”的战略转型，已成为郑州河南菜的代表品牌。解家已步入新的战略阶段，需要实现品牌的更大跨越。2019年，我们为解家进行了品牌战略升级。

当品牌实现领先时，就应该告诉更多的潜在顾客，让顾客知道你的品牌才是行业领导者，是顾客第一选择。

我们建议解家将“老家河南菜”升级为“河南菜”，通过拓宽、简化品类名称来承接更大的战略机会，即代表整个河南本地菜。品牌诉求升级为“河南菜连锁领先品牌”，明确告诉顾客，解家是领先品牌，是河南本地菜的代表，平时的亲朋聚餐、招待外地朋友就应该到解家。我们还为解家创作了《河南菜赋》，以强化河南菜品类和解家品牌。

河南菜赋

天地之中　大河之南　黄帝故里　文明之源
厨祖伊尹　生于杞县　善治大国　如烹小鲜
民生之本　以食为天　南北美食　汇于中原
中原美食　解家领先　薪火传承　二十四年
拿手好菜　来自民间　各地特色　道道经典
南湾湖鱼　鲜嫩无比　固始土鸡　肉质无敌
铁棍山药　新郑大枣　糖油板栗　河南三宝
南阳黄牛　垛子羊肉　温壶黄酒　一解乡愁
好客河南　摆酒设宴　齐聚解家　品味中原

当领导地位稳固之后，品牌就应该致力于提升品类价值、拓展品类需求、引领品类成长。因为品类需求是品牌持续成长背后的关键力量。

经过两年的战略深化，解家河南菜品牌势能稳步提升，领导地位进一步稳固，门店数量和年就餐人次进一步领先于郑州其他中餐品牌。此阶段，解家的主要竞争方向就应该转向品类之外，要代表河南本地中餐与火锅等其他品类展开竞争。2021年，我们建议解家再次进行品牌战略升级，将品牌诉求明确为“家庭聚餐、请客吃饭，到解家河南菜！”其战略意图在于，要从火锅等其他品类抢夺“家庭聚餐、请客吃饭”的潜在顾客。因为郑州火锅品类比较强势，承接了大量聚餐、请客的需求。

解家的战略就是要持续做大河南菜，代表河南本地中餐品牌，将河南民间各地的特色菜搬上餐桌，让更多顾客不用走遍河南，来到解家就能吃遍河南菜，让更多顾客通过河南菜认知河南，体验河南文化魅力。这既是解家品牌需要努力经营的方向，也是解家河南菜品牌的更大价值。

第21章　桂小厨广西菜：地方菜系品牌如何定位

中国菜种类之多，除了相对知名和成熟的“八大菜系”，还有更多地方菜系处于演化发展中。中国饮食消费需求的丰富性，留给了餐饮企业创建品牌的无限可能。然而，地方菜系品牌想要在诸多菜系中破圈，并非易事。这不但需要定义清楚你是什么，与其他菜系相比你有何不同，还需要应对菜系内同类的竞争。这是诸多地方菜系品牌共同面临的战略课题之一，我们称为“品牌品类，双重定位”课题。关于这一课题，在我们的战略定位咨询实践中，桂小厨广西菜正好是其中一个典型案例。

战略课题：桂小厨“品牌品类，双重定位”

“桂林山水甲天下”，桂林米粉、柳州螺蛳粉声名远播。相比之下，广西菜的认知度则没那么广泛。事实上，广西虽然有丰富的饮食文化，有很多地方特色美食，但历史上并未形成成熟的“广西菜系”。世界上本没有广西菜，有了桂小厨才有了广西菜。

2003年，桂小厨创始团队进入餐饮业开始创业，经过近20年的发展，桂小厨广西菜在全国已经有20余家门店，其中大部分门店都在广西。得益于桂小厨长期不懈地开创和推动，广西菜在广西日渐繁荣，出现了若干做广西本地菜的连锁品牌。虽然它们并没有明确定义自己为“广西菜”，而是主打一道广西特色美食，如“油茶”“柠檬鸭”，或者主打“桂林菜”“南宁本地菜”等广西某一地域菜系，但实际上它们的很多菜品与桂小厨相同。在顾客认知中，这些品牌都属于广西本地菜，也是相对广义的广西菜。

这些广西本地菜品牌，在市场层面分流了桂小厨的顾客，在认知层面分散、混淆了广西菜概念。整个广西菜品类仍处于比较分散的状态，一方面是市场集中度不高，另一方面是品类定义及认知不清晰。对于桂小厨而言，作为广西菜的开创者和领先者，同时面临防御竞争和开创品类两大战略课题。

桂小厨品牌定位：广西菜代表品牌

防御竞争就是说，品类的开创者必须始终是该品类的代表品牌，在此前提下不断拓展品类，才能保证胜利的成果属于自己。比如，金娃最早开创了果冻，今天喜之郎却成了果冻的代名词；妙恋小洋人发明了果奶，却被娃哈哈营养快线取代。商业上，这样的案例不胜枚举。

桂小厨防御竞争的第一步就是要明确品牌在广西菜中的地位，要明确地告诉顾客，桂小厨才是广西菜的代表品牌，想吃广西菜的时候，首选桂小厨。因此，我们为桂小厨明确品牌定位诉求“桂小厨广西菜，广西菜代表品牌”。

广西菜品类定位：好山好水好食材，酸酸辣辣广西菜

顾客选择消费某一品牌的产品，实质上是消费这一产品所具有的品类价值，而不是品牌，之所以选择某品牌，是因为该品牌代表了这个品类。这其中的关键就是品类价值。如果这个品类的价值不能凸显，这个品类中的品牌价值也不大。因此，在品类还没有被广泛认知的时候，品类开创者需要不断地提升品类价值。第一步就是要为品类定位，说清楚这个品类是什么，有什么不同价值。随着品类发展，还需要不断为品类重新定位，持续拓展品类，提升品类价值。

在桂小厨定位的过程中还有一个关键点。具体情况是，虽然桂小厨门店门头上和宣传上都是“广西菜”，但桂小厨团队在品类名应该是“广西菜”还是“桂菜”的问题上仍存在疑虑。通过研究不难发现，“桂菜”更多的是行业内人士的称谓，桂菜可能被误认为是“桂林菜”，只听发音也可能被误认为是“贵州菜”。总之，桂菜存在一定的传播障碍。反之，广西菜则简单明了。

作为广西菜的开创者，桂小厨如何定位广西菜品类？通过大量调研和研究，我们发现广西菜有两大方面的独特优势：一是食材好，二是味型独特。

先说食材。桂林山水甲天下，广西多山多水，风景秀丽。因山水阻隔等因素，广西发展相对滞后，正因如此，才保留了广西良好的自然生态环境。好山好水，才有好食材。纯净无污染的自然环境，才能生长种类丰富、品质优良的好食材。比如，登陆《舌尖上的中国》第一集的阿亮酸笋、世界长寿之乡巴马的小香猪和石磨黑豆腐、清代皇家贡品——广西贡品之首荔浦芋头、北部湾北海小海鲜、东兰三乌鸡等广西好食材，数不胜数。

再说味型。如果说好食材是广西菜的根本，那么酸笋就是广西菜的灵魂。广西很多有代表性的菜肴都用酸笋、酸辣椒等自然发酵而成的食材做配菜。柳州螺蛳粉等各种粉，邕城老友鱼、南宁柠檬鸭等菜肴，酸笋都是不可或缺的。不同于川菜的麻辣、湘菜的干辣，有了酸笋的广西菜多了几分清新脱俗。酸酸辣辣，恰到好处。没那么酸，也没那么辣，正是广西菜味型之于其他菜系的独特之处。广西菜正可谓“好山好水好食材，酸酸辣辣广西菜！”

品牌、品类的定位确立后，把品牌名、品类名、定位诉求、“信任状”等各项核心信息进行组合并艺术化地呈现就是品牌故事。

桂小厨广西菜品牌故事

好山好水好食材
酸酸辣辣广西菜

吃广西菜，到桂小厨

桂小厨广西菜
广西菜代表品牌

全国21家直营店
荣获广西菜必吃榜推荐

战略落地：关键战略配称

迈克尔·波特认为，战略就是通过一系列独具的运营活动，去创建一个价值独特的定位。因此，创建定位的关键在于构建环环相扣的战略配称。我们称为“有效的定位，无限的配称”。

桂小厨在战略落地的过程中做了大量工作，选择其中一部分关键要点，归纳如下。

打造代表品项

一个品牌可以有多个品项，但着重打造一个独特鲜明的代表品项，将有利于让品牌进入顾客心智，并让顾客印象深刻。餐饮品牌的代表品项通常就是招牌菜。桂小厨已经有点单率很高的招牌菜——老友鱼，但在传播中呈现的形象不够鲜明。我们建议桂小厨升级招牌菜器皿，并让身着广西民族服饰的模特来端菜，重新拍摄招牌菜，以强化代表品项的独特性。

升级品牌视觉形象

顾客对品牌所产生的认知，往往来源于最直观的视觉形象。桂小厨要强化“广西菜代表品牌”的定位，自然应该升级视觉形象，以提升可信度，让品牌更有品牌感。基于此，桂小厨重新设计了“桂小厨广西菜”品牌专属字体作为LOGO，并优化了整套VI形象。在传播中一致性地使用新的视觉设计，品牌视觉形象焕然一新。比如，在门店门头、灯箱及广告上一致性地输出“桂小厨广西菜，广西菜代表品牌”“好山好水好食材，酸酸辣辣广西菜”。

强化“好食材”配称

“好食材”是桂小厨广西菜的战略核心之一，顾客对“好食材”的体验如果只是来自用餐过程，是不够直观的，也是难以留下深刻印象的。因此，桂小厨还需要通过其他方式全方面地向顾客展示好食材。为此，我们提供了以下三种方案：一是在门店入口区域植入一个食材展示模块，可以展示真实食材和广西菜美食地图，要求造型独特，引人注目。二是拍摄广西菜专题片，宣传广西好食材和广西菜。桂小厨之后选择了与中央电视台探索发现频道CCTV10合作，拍摄了首部广西菜专题片《味见山海》。拍摄完成后成功在中央电视台播出，相关媒体也进行了传播。三是围绕“广西好食材”在桂小厨的自媒体及其他媒体持续传播。

打造门店模型

餐饮门店是打造餐饮品牌最重要的阵地，因为餐饮是一个重体验的行业，所以顾客口碑是品牌的命脉。门店模型是否合适直接决定顾客体验好不好，顾客到店的整个消费过程涉及多个环节，每个环节都是一种体验。从战略发展的角度来看，需要根据不同的开店区域及门店位置，打造不同的门店模型，以应对竞争、匹配消费人群及场景。

基于以上考虑，桂小厨根据门店位置的不同，打造了不同的门店模型，如有的门店散台更多，有的门店则增加了包间数量。桂小厨之前主要以商场店为主，根据战略需要开始布局街边店，面积也更大。同时，桂小厨根据门店模型来制定装修设计方案，设计菜单结构，升级服务，全面优化了门店体验。

整合品牌传播

根据我们的餐饮定位咨询经验，餐饮品牌传播尤其需要筛选媒介，精准投放，否则会导致预算飙升而效果不彰。从引流及提醒消费角度来看，除了门店本身，门店周边或所在商圈的广告、大众点评、美团推广都是较为有效的投放媒介，因为这些都是可以直接触达顾客的阵地。从提升品牌势能、增加品牌可信度、提高品牌露出度的角度来看，市中心大牌大屏、双层公交车、高铁机场大牌等都是可选择的媒体，根据品牌战略阶段，可酌情选择投放。基于当时战略防御的需要，桂小厨在市内选择了商圈广告、大众点评及双层公交车投放。由于广西是旅游胜地，因此我们还建议桂小厨在旅游旺季加投机场、高铁站广告。

在传播内容方面，桂小厨在广西侧重传播桂小厨品牌定位“广西菜代表品牌”，因为在广西地区，广西菜是本地菜，品类认知度较高，需要强化品牌以防御竞争。在广西之外侧重传播广西菜品类定位“好山好水好食材，酸酸辣辣广西菜”，因为在广西之外，广西菜就成了特色菜了，是小众菜系，品类认知度低，需要品类教育。

升级品牌诉求

桂小厨全面输出新的定位，明确和强化了桂小厨多年积累的品牌认知；同时，桂小厨继续布局开店，实现了市场层面和认知层面的相互加强。2021年，桂小厨再次登上广西菜必吃榜。我们建议桂小厨适时升级品牌诉求，在强化桂小厨“广西菜代表品牌”地位的同时，强化“信任状”输出，给出连续4年获得必吃榜的有力“信任状”。升级后的品牌诉求为“桂小厨代表广西菜，连续4年荣登必吃榜”。随着战略发展，桂小厨还将动态调整品牌诉求。

战略防御：夯实广西市场，布局开店

地方菜系品牌想要走出去，首先建立一个坚实的根据地市场至关重要。根据地市场具有为品牌提供发展资源、培育源点顾客、蓄积品牌势能、提供信任背书等多重意义。根据地市场是否坚实，要看在本地餐饮市场你的品类是否强大，你在品类内市场份额够不够大，领先对手的幅度够不够大，等等。

从这些角度来看，广西菜品类在广西算是主流的餐饮品类，但品类价值还需要持续提升，因为在广西，粤菜仍然是高端宴请的第一选择，并且有一个强大的粤菜品牌。桂小厨需要持续提升广西菜价值，代表广西菜与粤菜展开竞争。在广西本地菜品类内，桂小厨的门店数量最多，营业收入规模最大，客单价在最高一档。然而，桂小厨并没有大幅领先于竞争品牌，也未占据品类绝对主导地位，还存在一些竞争威胁。

基于以上竞争形势，我们建议桂小厨继续在广西布局开店，夯实市场，特别是有针对性地开出部分街边大店，以及打造一家旗舰店。

拔高势能：3000万打造旗舰店“桂小厨广西宴”

打造品牌旗舰店，是很多行业都有的现象，对品牌势能的提升具有积极的意义。为了提升品牌势能，彰显广西菜品类价值，桂小厨重金打造旗舰店“广西宴”。门店地址选择南宁市中心中央商务区核心位置，聘请专业设计团队设计门店，门店风格呈现并升华了广西文化元素，对推广广西文化及广西菜都有很大价值。在菜品和服务方面，桂小厨做了大幅升级，将广西菜推向一个历史新高度。旗舰店主要针对高势能精英群体，开创了广西菜高端消费场景。旗舰店也承担了桂小厨广西菜的菜品研发中心的功能，研发的新菜品首先向高端群体推广，起到消费示范作用。

为了拔高广西菜的品类价值，我们还为广西宴创作了品牌故事。

广西宴品牌故事

高端宴请，到广西宴

桂小厨广西宴，代表广西宴贵宾

战略取舍：聚焦市场，选择性关闭门店

区域市场容量有限，地方菜系品牌想要获得更大的发展，走出去成为必然选择。然而，走出去并不代表可以到处开店，需要选择适宜的市场，把握战略节奏，打赢突围第一战，之后才能谈发展。在咨询实践中，我们发现选址是很多餐饮企业踩得最多的“坑”。如同很多餐饮品牌，桂小厨在发展的过程中也存在无序开店的情况。能不能开店，要充分评估各项要素，要看品牌势能能否覆盖开店区域，品类认知够不够强，企业资源是否充足，等等。可参考《孙子兵法》中关于“五事七计”的论述。在我们的建议下，桂小厨果断关闭不适宜门店。

战略前瞻：打通两广市场

广东广西，毗邻而居。得益于地缘因素，两地之间交往密切，经济文化相互渗透。很多广西人去广东居住工作，也有很多广东人到广西度假旅游。除了广西山水，广西的食材在对食材很讲究的广东人心中也有良好的认知，广东很多知名餐饮店的食材都来源于广西。因此，广东地区才是桂小厨向外发展的适宜市场。事实上，桂小厨在广西之外的门店也是广东地区的表现更好。桂小厨可依托两广区域，聚焦经营，步步为营，获得更大的发展。

第22章　尚一汤广东炖汤：大赛道高手林立，后来者如何定位

中国“八大菜系”天下闻名，但如今的“八大菜系”中真正“大”的菜系并没有几个，粤菜无疑算是一个大菜系，粤菜之大在于它具有很高的认知度，具有广泛的消费市场，以及拥有众多较为成功的粤菜品牌。在粤菜这样一个成熟的大品类中，尤其是在已经拥有若干领先品牌的情况下，后来者如何才能占据一席之地？最好的办法不是模仿领先者，而是要寻找一个尚未被占据的细分赛道或特性，成为这方面的专家品牌。事实上，当今粤菜品类中的很多成功品牌都采取了这一战略选择。在我们的战略定位咨询实践中，尚一汤广东炖汤正是“占据细分赛道，打造专家品牌”的典型案例。

战略课题：品类分化是必然，选择分化方向是关键

粤菜历史悠久，品类发展繁荣，是中国最受欢迎的菜系之一，在国外曾一度是中国菜最重要的代表。2012年后，随着一些相关政策的出台，粤菜品类的发展趋势从“高端奢华”逐渐转向“高质价比”，传统高端粤菜酒楼逐渐式微，大众化的、高质价比的粤菜开始崛起，并成长出若干代表品牌。这些品牌之所以能成功，我们认为关键因素之一就是都选择了适合自己的分化方向。例如：利苑专注高端粤菜，主打政商务

宴请；翠园专注精品粤菜，针对都市精英；点都德专注点心。此外，还有很多品牌专注粤菜经典单品，如专注烤乳鸽。

2007年创立的尚一汤，在众多知名粤菜品牌中显得很“年轻”。我们认为，尚一汤能在竞争激烈的上海生存发展，有两大关键因素：一是一开始就选择专注“炖汤”，二是聚焦上海发展。只有专注，才能建立鲜明的认知，才能进入顾客心智。尚一汤没有选择已经有强大品牌占据的细分赛道去创业，而是找到了粤菜中的一个无争地带“炖汤”，并长期聚焦上海，在上海地区形成了自己的竞争优势。正因如此，点都德、陶陶居等众多知名粤菜品牌纷纷进入上海之后，尚一汤仍然保持着很强的竞争力。在品类必然分化的趋势下，后来者成功创建品牌的关键就在于选择分化方向，要选择无争地带，长驱直入，建立城池。

品类分化后的关键动作一：为品类命名——“广东炖汤”

正确选择分化方向之后的第一步，就是为品牌分化出来的细分品类命名。正确的品类名是进入顾客心智的钥匙，如何正确命名品类，核心原则是要利用顾客的已有认知，符合心智认知规律。

尚一汤专注“炖汤”，是一个好的选择，但在经营中并未鲜明地突出这个差异化，尤其是并未在门店门头上明确地显示出来。在梳理战略定位之前，门头上、传播上都只有“尚一汤”品牌名三个字，这显然是不足的。炖汤在广东地区的饮食中占有重要的位置，“吃饭先喝汤”是很多人的固有认知和饮食习惯。广东人爱喝汤，也擅长炖汤，炖汤还是广东的正宗。因此，我们建议尚一汤将品类命名为“广东炖汤”。

“广东炖汤”是一个确定的称谓，它既明确了品类宗属——“炖汤”，也明确了品类发源地“广东”。如果只有“炖汤”两个字，顾客就会产生疑惑：炖汤是哪里的？因此，加上“广东”两个字就是一个确定的有效信息，也明确了来源正宗的优势。

品类分化后的关键动作二：为品类定位——“精选好食材，炖足四小时”

新品类的开创者需要为品类命名和定位，而大品类中分化出来的细分品类也是如此。尚一汤要想占据“广东炖汤”，就要通过为“广东炖汤”定位来彰显其价值。

“明火为煲，隔水为炖”“煲三炖四”，这是广东地区关于煲汤和炖汤区别的一种说法。炖汤需要隔水炖，这样可以把温度控制在一定的范围内，有利于保留炖汤的营养成分，因此需要的时间也更长。炖汤对食材的选择也有很高的要求，通常选用人参、鲍鱼、松茸等名贵药材和食材，文火慢炖，是一种更为讲究的制汤方式。

基于此，我们提炼出“精选好食材，炖足四小时”两句话来明确“广东炖汤”的定位。这两句话既是对“广东炖汤”的制汤工艺和标准的概括，也是对顾客的承诺，因此也是指导企业经营的战略方针。尚一汤的“广东炖汤”，不能偷工减料，食材选择不能马虎，必须是精挑细选的好食材，同时必须炖足四个小时。

尚一汤在发展过程中，曾多次调整品牌诉求，“炖足四小时”是其中一个，我们识别出这是一个有效的诉求，认为应该延续下来。很多咨询公司喜欢推倒重来，常常否定品牌过往的一切，此种做法往往使有价值的品牌资产付之东流。我们认为做战略定位咨询，应该尽可能地继承并利用企业已有的有效品牌资产。

品类分化后的关键动作三：为品牌定位——“以广东炖汤为特色的轻奢粤菜餐厅”

从大品类中分化出来的细分品类，有时候不应该完全脱离这个大品类，比如“毛肚火锅”“鹅肠火锅”，它们实质上还是川渝火锅的一种，其中毛肚、鹅肠既是它们的核心差异化，也是火锅的一个特性，而不代表分化成了一种全新的品类。因为有的分化类型产生的差异化不足以让顾客认为它是一个新的物种，至于应该分化到何种程度，要根据竞争情况而定，彻底分化为新物种未必是有利的选择。假如“毛肚火锅”“鹅肠火锅”彻底分化为只卖毛肚、鹅肠的火锅，即便是提供多种类型的毛肚、鹅肠，对顾客会有吸引力吗？这样的火锅会有竞争力吗？恐怕没有。

尚一汤应该做何选择？如果选择只做“广东炖汤”的方向，就意味着尚一汤是一家汤馆，产品组合可能是以炖汤为核心，再搭配一些小菜，这是快餐的模式，显然不是尚一汤当前的模式，也不是其擅长的模式。如果选择这种模式经营，就打到“老乡鸡”品类的阵营中了，很难取得成功。再者，顾客选择尚一汤也不只是为了喝汤。

经过多维度分析，尚一汤还应基于粤菜的大品类明确自身的差异化，以此确立定位。显而易见，尚一汤就是一家“以广东炖汤为特色的轻奢粤菜餐厅”。首先，尚一汤是一家粤菜餐厅；其次，其他粤菜餐厅的特色可能是奢华的粤菜，如点心、烧腊、烤乳鸽等，而尚一汤的特色是“广东炖汤”。“轻奢”是对尚一汤的经营模式、顾客群体、客单价等实际情况的准确界定。“以广东炖汤为特色的轻奢粤菜餐厅”，既是对尚一汤品牌定位的描述，也是其战略半径和边界，但并不意味着品牌诉求也适合按此输出，品牌诉求需要更艺术化的表达。

战略落地：关键战略配称

战略的目的就是创建价值独特的定位，因此战略配称必须紧紧围绕差异化定位展开。战略配称是一个动态的过程，根据不同的战略发展阶段，按照一定的节奏展开。战略配称深化到何种程度，还取决于企业运营能力和资源条件，我们称为“有效的定位，无限的配称”。

尚一汤在战略落地的过程中做了大量工作，选择其中要点，归纳如下。

打造代表品项

一个品牌可以有多个品项，但着重打造一个独特鲜明的代表品项，将有利于让品牌进入顾客心智，并给顾客留下深刻的印象。餐饮品牌的代表品项通常就是招牌菜。尚一汤主打“广东炖汤”，招牌菜自然是炖汤，但之前的招牌炖汤命名为“尚一汤”，这个名称的问题是，顾客无法从名称得知这是一款什么样的汤，它是由哪种食材炖成的，存在认知障碍。因此，我们建议将招牌炖汤改名为“鲍鱼人参汤”，并升级汤壶，重新拍摄炖汤照片。

升级品牌视觉形象

顾客对品牌所产生的认知往往来源于最直观的视觉形象。尚一汤之前的品牌LOGO是毛笔字体，识别度不高，也使得品牌气质略显“老化”。为了匹配“轻奢”的品牌调性，尚一汤应适时升级视觉形象，以提升品牌气质。基于此，尚一汤重新设计了“尚一汤广东炖汤”字体LOGO及“精选好食材，炖足四小时”品牌专属字体，并优化了整套VI形象。在传播中一致性地使用新的视觉设计，品牌视觉形象焕然一新。比如，在门店门头、灯箱及广告上一致性地输出“尚一汤广东炖汤”“精选好食材，炖足四小时”。

打造门店模型

门店是餐饮品牌经营的重要阵地，顾客在门店的体验直接决定品牌口碑，也决定顾客能否留存。门店模型包含门店选址、门店整体装修风格、餐位设置、服务流程等多个因素，根据战略发展阶段，需要打造不同的门店模型，以更好地应对竞争、匹配消费人群及场景。

基于这些思考，尚一汤根据门店位置的不同，打造了不同的门店模型，如有的门店散台更多，有的门店则增加了包间数量。同时，尚一汤根据门店模型来制定装修设计方案，设计菜单结构，升级服务，全面优化了门店体验。

整合品牌传播

根据我们的餐饮定位咨询经验，餐饮品牌传播尤其需要精准投放，否则会导致预算飙升而效果不彰。从引流及提醒消费角度来看，除了门店本身，门店周边或所在商圈的广告、大众点评、美团推广都是较为有效的投放媒介，因为这些都是可以直接触达顾客的阵地。

综合考虑上海市场的特点、尚一汤自身的战略需求及资源情况等多种因素，尚一汤在上海着重选择了门店所在的商圈广告和大众点评，在南京则选择增加地铁报站投放，以合理的传播预算覆盖更大的传播范围。随着战略发展，尚一汤将动态调整投放策略。

升级品牌诉求

尚一汤全面梳理定位之后，第一阶段重点输出“尚一汤广东炖汤”“精选好食材，炖足四小时”两大核心信息。之后，随着粤菜品类在上海逐渐繁荣，出现了更多的竞争品牌。因此，尚一汤一方面需要在品类繁荣之时迅速地获取品类红利，另一方面需要强化自身定位以应对竞争。

基于竞争环境的变化，尚一汤在继续布局开店的同时，适时升级品牌诉求，强化“信任状”输出，即“因为炖汤，尚一汤荣登粤菜好评榜”。这一诉求明确了尚一汤的粤菜品类宗属，强化了“炖汤”的差异化优势，阐明了尚一汤炖汤专家定位。如果尚一汤获得更有力的“信任状”，如必吃榜、黑珍珠等，则可相应升级品牌诉求。

把品牌、品类、定位、“信任状”等各项核心信息进行组合并艺术化地呈现出来，就是一则完整的品牌故事。

尚一汤“广东炖汤”品牌故事

因为炖汤，
尚一汤荣登粤菜好评榜。

尚一汤广东炖汤
精选好食材，炖足四小时。

喝汤就到尚一汤。

拔高势能：关键位置，布局开店

战略定位明确之后，就要以环环相扣的战略配称来提升品牌势能。对于餐饮品牌而言，在关键位置布局门店是提升品牌势能的重要举措。其实布局关键门店的做法也不限于餐饮品类，比如，苹果、耐克、星巴克等行业领导品牌都是如此。

基于提升品牌势能的战略目的，尚一汤先后进入南京华采天地、上海环球港、上海南翔印象城等重要的商圈开店。完成这三家门店布局后，尚一汤品牌势能显著提升，收到了更多商场的开店邀请。在城市中的关键位置开店，不仅可以提升品牌影响力，而且可以取得更好的经济效益。

除了布局上海，长三角区域的核心城市也是尚一汤进军的战略要地。尚一汤进入南京，先后在核心商圈布局数家门店。2021年，尚一汤进入杭州奥体印象城，“开业即火爆”，尚一汤在长三角区域的战略进程又推进了一步。随着战略发展，尚一汤还将进入更多的核心城市开店。

渠道突破：发力外卖

当前的餐饮市场，外卖成为众多餐饮品牌营业收入的重要组成部分，尤其是新冠肺炎疫情之后，外卖的重要性进一步凸显。相对而言，一线城市的外卖需求更大。

对于尚一汤而言，发力外卖不但可以防御来自汤品专门店、汤品外卖连锁的侧翼进攻和分流，而且可以有效扩大消费群体、拓宽消费场景、推动喝汤消费需求，有利于推动“广东炖汤”进入主流阵营；同时，外卖对提升营业收入、传播品牌也具有积极的意义。基于当前消费趋势，外卖渗透率越来越高，炖汤也是适合外卖的产品，尚一汤应把握外卖这一需求趋势。

基于以上战略考量，尚一汤将外卖视为一项重要的战略，成立了外卖部门，专门负责外卖事宜，推出了更适合外卖的炖汤套餐及菜品组合。尚一汤还对整套外卖包装进行升级，使之更具品牌传播价值。

第23章　丰茂烤串：高清回放“烤串黑马”丰茂烤串的定位之路

丰茂烤串梳理战略之后的这些年取得了一些成绩，在烤串行业中也算走得比较快，我们认为这主要得益于丰茂烤串对定位深信不疑地贯彻执行，得益于丰茂团队的精诚配合，还得益于丰茂烤串其他优秀合作伙伴在食材供应、内部管理等各个层面的大力支持。一个品牌想要长久地生存并发展，仅仅靠某一点或某一个方面的成功是很难做到的，它一定是各个方面都做得不错，同时在某一个方面有特别的优势。过分夸大任何因素都是不客观的。现将丰茂烤串这几年的定位之路做以下回顾。

2015 年烤串的江湖，高手如云

1991年，中朝边境小城延吉，丰茂烤串以两个烤炉、四张桌子起步。20多年来，丰茂烤串扎扎实实做产品，从延吉一路走向全国。到2015年，丰茂烤串在全国已经有40多家门店，其中直营店达到20多家，员工上千人。

彼时，中国餐饮业一片繁荣，吸引了大量的资本、人才跨界进入，行业竞争愈加激烈。烤串正是最火的餐饮品类之一，不乏战略清晰而又长于互联网时代新营销的优秀品牌。它们有的走“烤串快餐化”路线，小店模式，快速开店；有的把“夜店风”做到极致，营销得法，“圈粉”

无数；还有的聚焦一个特色产品，拥有了清晰的定位。这些优秀的烤串品牌，共同推动了烤串品类的繁荣。

看到同行在营销上的各种“花式玩法”，以产品见长的丰茂烤串感受到了竞争的压力。企业要想走得长远一点，就要保持危机意识，未雨绸缪。丰茂烤串有很强的危机意识，很快找到我们，开始系统梳理战略。

回归本位就是找到定位

在对丰茂烤串进行战略定位的过程中，我们做了大量的调研，从丰茂烤串内部、丰茂顾客以及其他烤串品牌等多个层面获取了大量的信息，进行全面研究分析。定位工作的调研，很重要的一项就是顾客认知调研。调研反映，丰茂烤串在顾客的认知中更多的是“好吃”，问顾客为什么好吃，却没有人能说得清楚。

我们又调研了丰茂烤串内部厨师长、采购员、服务员等各个岗位的伙伴，最终了解到丰茂烤串自成立以来一直在做一个动作：丰茂烤串的羊肉串都是根据用量当天现穿的，随用随穿。这个调研结果是显而易见的，可有时候显而易见的答案，往往被忽略。企业内部习以为常的存在，往往隐藏着成功的密码，蕴含着顾客选择你的理由。然而，这个理由未必所有的顾客都知道，企业应该做的就是，让更多的顾客知道。

通过对众多烤串品牌的研究，我们发现丰茂烤串20多年来一直坚持在做的“现穿”正是其他品牌所不具备的。

定位就是创建差异化，让你的品牌与众不同。在别人搞“夜店风”“快餐化”，玩概念、搞装修如火如荼的时候，你觉得好就跟上去，但你做得再好也会被顾客认为是拾人牙慧，难以超越对手。有所不同，才能与众不同。

喧嚣无法长久，回归才有出路。面对喧嚣的餐饮市场，餐饮企业最应该回归到产品的本位上。无论是站在顾客的角度，还是站在顾问的角度，我们都认为丰茂烤串不必跟风，做自己就是竞争力。丰茂烤串回归到“羊肉现穿”的本位就是找到定位。找到定位后，还需要通过一系列战略配称，让更多的顾客知道你、认可你。为此，我们为丰茂烤串“羊肉现穿”这一定位提供了一系列战略配称建议，这些建议被丰茂团队一一采纳并照做了。

调整品牌名称：从“丰茂盛”到“丰茂”

品牌名是决定战略成败的重要因素，有一个好的名字，战略就对了一半。如果名字有问题，往往事倍功半。简单易记、寓意品类的就是好名字，如蒙牛、支付宝、可口可乐等。好的名字能让潜在顾客快速地记住你，传播成本大大降低。

“丰茂”“茂盛”两个词都是朗朗上口的通用词汇，都有很好的寓意，但合成为“丰茂盛”之后就比较拗口，显得累赘。其实，丰茂烤串本来的品牌名称就是“丰茂”，但后来被别人抢注了，无奈改为“丰茂盛”。我们建议丰茂烤串应尽最大努力拿回本来就应该属于自己的商标，丰茂团队通过努力，达成所愿。由此，丰茂烤串积累20多年的品牌资产得到了延续和释放。

调整品类名称：从“朝鲜族烤串”到“烤串”

一个品牌需要两个名字，即品牌名和品类名。顾客的思考逻辑是“品类思考，品牌表达”。因此，清晰、准确的品类命名才能让顾客知道你是做什么的，能为他提供什么价值。

丰茂烤串之前的名称为“丰茂盛朝鲜族烤串”，我们在对顾客的调研中发现，顾客认知中对烤串的分类不是按照某某民族来分类的。“朝鲜族烤串”实际上设置了一个疑问：什么是朝鲜族烤串？反而让顾客的选择变得复杂。因此，我们建议把“朝鲜族烤串”调整为简洁明确的“烤串”。

提出核心诉求：羊肉现穿才好吃

品牌诉求的方式很多，但都应以开创顾客、促进消费为目的。一个好的定位式品牌诉求应该能承担三个使命：第一，应对竞争。它能够体现出相对于竞争对手自身品牌的竞争力在哪里。第二，诉求定位。它可以明确地告诉潜在顾客，自身品牌的定位是什么，从而通过定位开创新顾客。第三，体现顾客利益。它可以明确地告诉潜在顾客，消费这个品牌能得到什么利益，让顾客选择的理由更充分。

此外，好的品牌诉求还应朗朗上口，简单易记。基于以上标准，我们为丰茂烤串提出“羊肉现穿才好吃”的品牌诉求。

对于丰茂烤串，“现穿”正是在顾客认知中已经具有的，而且是竞争对手所不具备的，因此“现穿”就是丰茂烤串的竞争力和定位。为什么是“羊肉现穿”而不是“烤串现穿”呢？烤串品类的产品有很多，但“羊肉串”才是烤串的第一大产品。因此，品牌诉求体现出“羊肉”，占据品类的第一大产品，才是最有价值的。更重要的是，“羊肉现穿”比“烤串现穿”定位更明确。丰茂烤串在顾客认知中的关键词就是“好吃”，品牌诉求就应该顺应顾客认知，并明确告诉顾客为什么好吃，这样才更具有可信度，才能更好地开创新顾客。丰茂烤串的“好吃”是因为现穿，“好吃”代表顾客利益。这就是丰茂烤串“羊肉现穿才好吃”的品牌诉求所蕴含的意义。

羊肉现穿明档化

品牌战略定位绝不只是一句广告语，而是一整套环环相扣的运营活动。只有以品牌定位为核心，并通过一系列的动作持续强化它，才能建立起强势的定位。换个说法就是，你要通过你做的事情让顾客感知到你是言行一致的，名副其实的。只有这样，顾客才能真正认可你。否则，品牌诉求只能沦为一句空洞的口号，而没有任何功效。

围绕“羊肉现穿”这个定位，我们还建议丰茂烤串将全国的门店全部实现羊肉现穿明档化。在每一个门店的醒目位置设置羊肉现穿明档，专人穿串。顾客走进店里，就可以亲眼看到丰茂烤串的肉串真真正正是现穿的。在顾客认知中，“现做的”“现包的”就是最好吃的，丰茂烤串的明档里一串串现穿好的羊肉串就是“羊肉现穿才好吃”的最佳说明，丰茂烤串明档上方“羊肉现穿才好吃”的发光字标牌也进一步传达了定位。

很多排队等座的顾客喜欢把丰茂烤串明档穿串的照片、小视频发到微信朋友圈，帮丰茂烤串做了很多宣传。

聚焦经营

企业的资源是有限的，尤其是处于成长期的企业。要让有限的资源发挥最大的能效，唯有通过聚焦。聚焦可以实现局部范围内的兵力优势，获得胜利。以餐饮连锁为例，假设一个品牌要开10家门店，分别开在10个城市，那么它所面临的情况就是品牌传播、物资输送都分散在10个城市，管理团队可能需要在10个城市之间往返。如果10家店都开在北京，情况将完全不同，各项成本将大大节省。此外，还将产生区域聚合效应，如果顾客在大众点评、美团上搜索这个品牌，同时出现10家店，那么只有1家店的品牌势能和10家店的品牌势能是不能相提并论的。

丰茂烤串此前在全国多地都有加盟店，直营和加盟共存，全国门店分散的现状使得管理和品牌建设的难度加大。尤其是加盟店，在店面形象、产品品质等方面很难和直营店保持一致，不一致就造成品牌认知不统一，就很难建立起真正的强势品牌。因此，我们建议丰茂烤串第一步是先停止加盟，逐步收回加盟权，关闭加盟店；第二步是要聚焦北京、上海两个核心城市，持续开店。商战和战争一样，占据战略制高点就占据了主动权。如果在北京、上海等高势能一线城市实现品牌领先，再向下辐射周边城市，品牌建设就相对容易得多。

苦练内功

当企业战略定位清晰后，就知道了应该做什么，不应该做什么，应该在哪里发力。创建品牌也绝不是一蹴而就的，不仅需要做方方面面的工作，还需要一支高效的团队保障执行到位。

为此，丰茂团队大力引进外部力量，在内部管理优化、人力资源、供应链、食品安全、流程优化等方面进行外部合作。几年间，丰茂烤串的组织能力、品牌价值均得到了较大提升，并成长为烤串赛道头部品牌。

战略防御

品牌创建无止境，因为竞争不会停止。对于领先品牌而言，需要时刻防备被超越，而最好的防御就是进攻自我。

烤串品类存在很多优秀的品牌，都具有自身的优势，而且都善于通过营销、产品升级、区域扩张等动作来提升品牌竞争力。在这些竞争对手面前，慢一步就会被超越。

基于此，我们为丰茂烤串提出升级产品的建议。我们和丰茂团队一起深入内蒙古大草原，到达中国羊肉最好的产地之一——锡林郭勒盟苏尼特左旗，详细考察了当地的牧场和羊肉加工企业。我们来到牧民家里，品尝苏尼特羊肉，果然名不虚传。正如我们为丰茂烤串写的品牌故事那样："苏尼特羊，好吃不膻。吃沙葱，喝清泉，天然放养180天。"

烧烤品类是全国数一数二的大品类，但仍然有很大的成长空间，也是烧烤品牌的成长机会，未来有可能出现烧烤界的"海底捞"。丰茂烤串的战略就是要将"羊肉现穿"进行到底，为顾客提供最好吃的烤串。丰茂烤串只有持续聚焦并强化"现穿"这一差异化，才能在高手林立的烧烤品类中保持竞争力。

第24章　桂桂茶：巨头环伺，桂桂茶重新定位，成为茶饮清流

前面几个都是关于“餐”的案例，这是一个“饮”的案例——茶饮。

有关研究认为，中国的茶饮市场大致可以分为三个发展阶段，分别是粉末冲泡阶段、街头档口阶段和新中式茶饮阶段。粉末冲泡阶段，产品形态主要是袋装奶茶粉或杯装料包，人们从超市或商店购买回来冲泡后饮用，这个阶段“香飘飘”崛起。街头档口阶段，出现了大量的奶茶店，它们用奶精、植脂末及各种添加剂等工业化原料制作奶茶，人们在街头的奶茶店购买后就可以直接饮用，这个阶段的代表品牌是COCO、1点点等。新中式茶饮阶段，奶茶店采用鲜奶、鲜果、鲜茶等新鲜原料制作茶饮。新中式茶饮由于符合健康消费趋势，正逐步取代袋装冲泡奶茶和传统工业化原料奶茶，甚至也取代了一部分瓶装饮料。

2019年之后几年，中国茶饮市场呈现出高速增长的态势，全国门店总量一度超过50万家。茶饮品类繁荣，百花齐放，诞生了喜茶、奈雪的茶等行业头部品牌，也有若干体量巨大的区域茶饮品牌，而COCO、1点点等传统巨头仍然占据很大的市场份额。整个茶饮行业呈现消费分层、品类分化的状况，与此同时，行业集中度不断提高，强者愈强，弱者愈弱，没有核心竞争优势的品牌惨遭淘汰。桂桂茶（改名前为“桂源铺”）正是在这样的竞争环境下，通过重新定位找到自己的差异化优势，成为

茶饮品类的一股“清流”。

战略课题：巨头环伺的茶饮丛林，区域茶饮如何生存

茶饮行业的消费分层现象比较显著，茶饮品牌的竞争也主要是同一个层级之间的竞争。因此，我们从消费分层的角度来分析茶饮业的竞争格局。2019年的茶饮行业已经形成头部、腰部和底部三个消费层级。

喜茶、奈雪的茶、乐乐茶等品牌已占据高端认知地位，并集中在一、二线城市布局开店，在头部位置已实现市场领先，未来头部位置很难再容纳其他品牌。它们代表中式新茶饮与星巴克为代表的咖啡饮品展开竞争。

底部品牌的主要模式为加盟，主要市场下沉至三、四线地县级市场，以街边小店为主，价格低，市场需求和门店数量都很大。在底部赛道，蜜雪冰城已经形成综合领先优势，底部市场的窗口期也已基本关闭，很难再形成大体量的品牌连锁与蜜雪冰城正面交锋。

腰部位置品牌众多，市场需求、发展空间远远大于头部市场，也是茶饮行业竞争最为激烈的赛道，具有千店规模的品牌最多。在腰部位置，COCO和1点点已完成全国布局，占据领先地位，但这两者作为传统奶茶面临众多新茶饮品牌的冲击。COCO通过门店环境升级、跟进市场畅销新产品等举措，已迅速实现转型升级；而1点点的转型升级相对缓慢。聚焦一个区域并取得相对领先优势的茶饮品牌有长沙的茶颜悦色、合肥的卡旺卡、长三角区域的7分甜等，还有茶百道、书亦烧仙草、古茗等品牌虽然尚未完成全国布局，但发展势头迅猛。

桂桂茶正处于竞争最为激烈的腰部位置。桂桂茶成立于2011年，主要聚焦上海发展，在上海周边及其他城市也有一部分门店。2019年，桂桂茶在上海的门店数量约为150家，在上海可以排进前五名。桂桂茶成

立以来主打港式奶茶，在成立初期，港式奶茶、台式奶茶很受欢迎，新中式茶饮崛起之后，港式奶茶、台式奶茶就显得有些“陈旧落伍”，桂桂茶换名前采用的“桂源铺”这个名字则进一步加深了品牌的老化之感。

上海可以说是桂桂茶的“大本营”，而上海也是众多茶饮品牌的必争之地，桂桂茶面临着巨大的竞争压力。与腰部位置的诸多“黑马”相比，桂桂茶并没有显著的优势。上有喜茶、奈雪的茶，下有蜜雪冰城，腰部位置又有若干强有力的竞争者，桂桂茶如何应对？未来的战略应走向何方？

生存之道：明确桂桂茶自身差异化“冻柠茶和鸡蛋仔”

综观茶饮行业，同质化和分化并存。一方面，茶饮店产品同质化较为普遍，热门新产品会被快速复制；另一方面，为了应对竞争，已有一些品牌分化出某一品类或主打某一招牌产品。行业越是同质化，品牌就越应该具有差异化。事实上，那些比较有竞争力的茶饮品牌都是具有鲜明差异化的品牌。腰部品牌最典型的差异化方式为：分化某一特色产品形成品牌差异化。比如，7分甜聚焦芒果饮品，书亦烧仙草主打以烧仙草为主料的多料饮品，而一些区域性的小规模品牌甚至主打车厘子、玉米汁饮品。

经过调研我们发现，桂桂茶的两大招牌产品“冻柠茶和鸡蛋仔”不但具有很大的销量，更重要的是在顾客群体中具有很高的认知度。大众点评上被评论最多的也是冻柠茶和鸡蛋仔，很多顾客选择桂桂茶的理由也是喜欢这两大招牌产品。定位的“答案”，有时候是显而易见而又简单至极的，它是顾客选择你而不是竞争对手的理由，它也是品牌相对于竞争对手的差异化优势。定位的工作就是要放大你的品牌差异化优势，从而开创更多的潜在顾客。

“冻柠茶和鸡蛋仔”正是桂桂茶相对于竞争对手的差异化所在，它们就是桂桂茶在顾客心智中建立的认知优势。我们建议桂桂茶应围绕这一差异化构建战略，因此提出“冻柠茶和鸡蛋仔，桂桂茶两大特色招牌”这一定位广告语。

重新定位：以冻柠茶为代表的清爽型茶饮品牌

《定位》一书中指出：“定位的基本方法，不是去创造某种新的、不同的事物，而是去操控心智中已经存在的认知，去重组已存在的关联认知。”简而言之，就是借助认知、调整认知。品牌有时候需要借助认知、调整认知来重新定位，化不利为有利。

冻柠茶就是桂桂茶在顾客心智中的已有认知，相对于传统奶茶和其他新中式茶饮，很多顾客评论冻柠茶是一种口味相对“清爽”的茶饮。“清爽”是很多顾客喜欢冻柠茶的重要原因，因此“清爽”是一个有价值的特性。幸运的是，除了桂桂茶，没有其他品牌在冻柠茶方面占据认知优势，也没有其他品牌占据“清爽”的认知。这就是桂桂茶的战略机会。

基于冻柠茶“清爽”的特性，就可以重新定位以COCO为代表的传统奶茶，是不清爽的、甜腻的奶茶，同时也可以将桂桂茶从港式奶茶重新定位为是以冻柠茶为代表的“清爽型茶饮”品牌。

既然桂桂茶是第一个要做“清爽型茶饮”的品牌，就要为品类定位，并明确品类价值。相对于传统奶茶和其他茶饮产品，“清爽型茶饮”的品类价值也是显而易见的，即“清爽解渴不甜腻”。桂桂茶的战略方向就是，放大“清爽型茶饮”的价值，把握消费趋势，引领品类发展。这既是桂桂茶与其他茶饮品牌竞争的差异化所在，也是桂桂茶存在的根本理由。以冻柠茶为代表的“清爽型茶饮”的品类价值越大，桂桂茶的品牌价值就越大。

跳出茶饮品类看，清爽型饮品一直是最畅销的饮品之一，如雪碧、脉动、维他柠檬茶，口感清爽的淡啤也是啤酒中最畅销的。清爽型饮品有着强大的生命力，是可以高频消费的饮品。巧合的是，桂桂茶在2019年确立了“清爽型茶饮”战略后，2021年柠檬茶、油甘茶等“清爽型茶饮”也更受顾客欢迎，喜茶等头部品牌也开始大肆跟进“清爽型茶饮”产品。

战略落地：关键战略配称

由于行业竞争加剧，茶饮市场整体加速升级，茶饮品牌面临巨大挑战。尤其在竞争激烈的南方一线城市，茶饮品牌必须同时在战略定位、品牌营销、门店运营、装修环境、产品研发等多个层面升级进化，才能获得竞争优势。桂桂茶围绕“以冻柠茶为代表的清爽型茶饮品牌”构建了一系列关键战略配称，提升了品牌竞争力。

打造代表品项

前文已经谈过，一个独特鲜明的代表品项，有利于品牌进入顾客心智并让顾客印象深刻。桂桂茶有“冻柠茶和鸡蛋仔”两大招牌，如果二选一，应该选择哪一个？桂桂茶的品类是茶饮，那么代表品项自然应该是冻柠茶。因此，我们建议桂桂茶在门店的灯箱及电视上突出冻柠茶产品，并冠以“桂桂茶招牌冻柠茶”的称谓；同时，在灯箱等合适的传播载体上完整输出“桂桂茶招牌冻柠茶，清爽、解渴，不甜腻！”代表品项就应有特殊的“待遇”。

“桂桂茶招牌冻柠茶”的称谓就是要将品牌和产品绑定，明确并强化桂桂茶和冻柠茶的关系，在顾客认知层面将桂桂茶和冻柠茶锁定；而同时输出“清爽、解渴，不甜腻”则是明确品类价值，让冻柠茶在顾客心智中与“清爽”的概念相关联。顾客想喝清爽一点的茶饮时，就会关联到桂桂茶的冻柠茶。

除了确立冻柠茶为代表品项，我们还建议桂桂茶开发新产品应围绕“冻柠茶”和“清爽型”进行。比如，桂桂茶之后推出加大、加强版的冻柠茶——“冻柠茶吨吨桶”和“双倍酸冻柠茶”，深受顾客喜爱，进一步强化了顾客对冻柠茶的认知。

升级品牌视觉形象

桂桂茶之前有品牌老化的认知，除了“桂源铺”这个名字本身的问题，还有一个重要的原因就是门店形象不统一，市场上同时存在至少三种版本的门店形象，很多门店整体感官显得杂乱无章，品牌视觉没有形成一致性的认知。为了让新战略更具力量，我们建议桂桂茶全面升级品牌视觉形象，设计新的LOGO和门店形象，并在门头上统一输出“冻柠茶和鸡蛋仔，桂桂茶两大特色招牌”，在其他载体上一致性地输出新的视觉设计和定位广告语。

升级品牌诉求

桂桂茶全面梳理战略之后，除了在门头等关键载体上输出定位广告语，我们还根据定位并结合消费场景，为桂桂茶撰写品牌故事，用于拍摄广告片。这则品牌故事明确了冻柠茶的主要消费场景，并与这些场景的核心需求对接，将这些需求和冻柠茶能提供的价值结合起来。具体如下。

逛街口喝了，喝冻柠茶。（两个女孩逛街场景）

吃火锅怕辣，喝冻柠茶。（一群年轻人围坐吃火锅场景）

吃烧烤怕油腻，喝冻柠茶。（一群年轻人围坐吃烧烤场景）

开会犯困，喝冻柠茶。（一群“白领”下午开会犯困场景）

喝冻柠茶，清爽、解渴，不甜腻！（配合吸管吸干冻柠茶的声音和顾客的满足感）

冻柠茶和鸡蛋仔，桂桂茶两大特色招牌！

桂桂茶通过一系列战略落地，包括连续两年发起“一分钱请全上海喝杯冻柠茶”营销活动，让桂桂茶成功登上大众点评“上海冻柠茶排行榜第1名”。之后，我们建议桂桂茶第一时间将这一荣誉发布出去，目的是升级品牌“信任状”，助推品牌持续热销。

战术奇袭：一分钱请全上海喝杯冻柠茶

有创意的战术奇袭往往能达到出其不意的效果，一个多年默默无闻、存在感很低的品牌可能会因为一场有创意的营销活动而出圈。比如，“蜜雪冰城甜蜜蜜”的魔性歌曲让蜜雪冰城火遍全国，一些没有消费过蜜雪冰城的潜在顾客或非潜在顾客也可能会因此去体验一下。桂桂茶的“一分钱请全上海喝杯冻柠茶”营销活动在上海市场也实现了破圈的效果。

桂桂茶举办第一季“一分钱请全上海喝杯冻柠茶”营销活动时，由于活动现场火爆，排队的人过多，很多门店都需要商场保安来维持秩序。门店前的长队又吸引更多人加入进来，现场更加火爆。据桂桂茶店员反映，三天的活动很多门店的小票打印机都用坏了。活动之后，桂桂茶迅速冲上大众点评上海茶饮热门榜的前列，当年的整体业绩提升约18%。第二季活动规模更大，让桂桂茶再次荣登大众点评“上海冻柠茶排行榜第1名”。两季活动之后，桂桂茶业绩翻倍提升。

然而，并不是所有的战术奇袭都能成功。我们认为，桂桂茶“一分钱请全上海喝杯冻柠茶”的营销活动能取得超出预期的效果，主要有三个关键因素。

第一，这是一场围绕品牌定位而展开的营销活动，这一点非常重要。桂桂茶只有围绕“冻柠茶”展开营销活动，才能有如此多的顾客参与。因为顾客对桂桂茶的冻柠茶有认知基础，知道它是桂桂茶的招牌，并认可它的价值。当今的大多数顾客，特别是年轻顾客，不会仅仅是贪图便宜去选择一个品牌，他们就算是贪图便宜，也会优先选择认可的品牌。我们认为，品牌发起营销活动，必须围绕自身的战略定位展开，如此才能强化自身差异化优势。桂桂茶的“一分钱请全上海喝杯冻柠茶”营销活动，在回馈老顾客的同时，也拓展了认可冻柠茶的新顾客。没有围绕定位展开的营销活动，也可能会达到火爆的效果，但往往没有品牌资产的积累，难以取得持续的效果。鸿星尔克通过捐款获得了顾客的“同情”，并因此实现了短期的销量增长，但热度会很快消失。其实鸿星尔克除了可以利用捐款获得销售业绩增长，还可以借助当时的热度向广大受众传达其品牌定位。遗憾的是，它除了努力卖货之外，在传达品牌定位方面鲜有动作。

第二，奇袭的因素足够“奇”。除了桂桂茶，上海从未有茶饮品牌举办过大规模的“一分钱”活动，这样做有两方面的意义：一方面是回馈顾客的力度足够大，才能吸引顾客“薅羊毛”，站在顾客利益的角度做到了极致；另一方面是有一定的新奇感，毕竟一分钱喝一杯茶饮的机会并不多。活动之所以要界定在“全上海”，目的是要传达桂桂茶对上海顾客的“偏爱”，符合桂桂茶聚焦上海的阶段性战略需要。

第三，充足的资源投入。桂桂茶两季“一分钱请全上海喝杯冻柠茶”营销活动都借助了大众点评、口碑网等入口，销售数十万张甚至上百万张“一分钱”置换券，并在多家媒体及所有门店线上线下同时宣传。只有在活动之前蓄积足够的流量，才能在活动期间达成“引爆”的效果。

以上三个关键因素使得“一分钱请全上海喝杯冻柠茶”的营销活动

大获成功，成为上海当时的热门活动，这场活动让桂桂茶和冻柠茶的热度急速提升，并带来持续的热销。

战略聚焦：聚焦上海开店，取得区域领先优势

聚焦产生力量，认知和运营同时聚焦是产生力量的关键。桂桂茶在认知上聚焦“冻柠茶”，成为大众点评“上海冻柠茶排行榜第1名”，占据了冻柠茶的认知。持续聚焦上海开店，则让桂桂茶取得区域领先优势。桂桂茶围绕“冻柠茶”建立了认知优势，促进了业绩提升；又借助热销的势头，快速在上海开出更多新店，将认知优势转化为事实优势。上海门店的增加又提升了品牌的可见度，形成了区域规模效应。除了要聚焦上海发展，我们还建议桂桂茶优先选择进入上海高势能商圈或区域，环球港、高铁站、机场等重点区域都是要进驻的。桂桂茶通过认知和运营的相互加强，凸显了聚焦的力量。

战略前瞻：筹备改名，开启新篇

如果桂桂茶未来只是在上海发展，不考虑走出去，那么“桂源铺”这个名字也不必一定要改掉，至少改名的需求没那么迫切。桂桂茶长期聚焦上海，已经建立了认知基础，而且在上海有一定的领先优势，所以名字的认知障碍不大。然而，品牌只有持续拓展新顾客才能生存得更长久，区域市场的潜力毕竟有限，所以走出去是一种必要选择。在上海之外的市场，“桂源铺”这个陌生的名字就存在很大的认知障碍，一是显得比较“土”，二是容易被误认为“卖桂圆红枣的铺子”。所以，要坚决改掉它。

桂桂茶团队早已意识到名字的问题，也有改名的打算，这一点我们

达成了高度一致。因此，改名的工作被提到头等重要的位置，很快就提上筹备日程。品牌切换新的名字存在一定的风险，这个风险来自两方面：一是这个新名字也不是一个好名字，二是没有采取正确的方式切换。如果方法得当，品牌改名完全可以成为一场成功的公关。比如，当年老乡鸡改名和加多宝改名，都成为品牌的公关事件。

新名字一旦确定，桂桂茶将开启新的战略篇章。

迎难而上：解封之后，品牌改名、定位升级同步推进

关于要不要改名，桂桂茶团队与我们早已达成共识，但到底改个什么新名字经历了反复的论证。最终选择了既可以注册又和“桂源铺”有一定关联的“桂桂茶”这个名字，至少都有个“桂”字。

按照既定计划，桂桂茶改名要在2022年进行。然而“天有不测风云”，因为新冠肺炎疫情，上海不得不按下“暂停键”，对于绝大多数门店都在上海的桂桂茶而言，受到的影响不言而喻。经历了漫长的三个月之后，上海终于迎来了常态化，我们第一时间就去桂桂茶开会。换名是否要推迟到明年？“一分钱请全上海喝杯冻柠茶”活动还要不要做？基于疫情的实际影响，桂桂茶团队产生了这样的疑虑。对于餐饮企业而言，几个月没有营业收入，还要承担租金、工资等大量支出，压力是非常大的。如果继续开展上述两项活动，意味着又是一笔不小的投入。有这样的顾虑，实属正常。那么，活动还要不要做？如何决策？

按常规思维，疫情之后应该开源节流，谨慎投入，但消极等待会有出路吗？没有！我们认为，要从危机中寻找机会。当市场“万籁俱寂，一片低迷”，充斥着悲观情绪的时候，恰恰也是“噪声”最少的时候。别人什么也不做，只有你迎难而上，你反而能跳脱出来。所以，我们认为，桂桂茶一定要抓住这个难得的时机，坚决开展“换名”和“一分钱

请全上海喝杯冻柠茶”活动。后面的事实也验证了我们的判断，整个8月份上海茶饮行业甚至餐饮行业都很“安静”，桂桂茶的活动获得了比以往更多的关注。

从竞争格局看，几个月的疫情让桂桂茶停了下来，竞争对手也停了下来，因此竞争格局并未发生根本的变化，桂桂茶的竞争威胁也并未加大，启动换名仍然是安全的。再者，根据桂桂茶团队了解的信息，受疫情影响，不少茶饮品牌决定暂缓布局上海市场，这实际上间接减轻了桂桂茶的竞争压力，桂桂茶不能白白错过这个难得的时机。

反之，如果桂桂茶将品牌换名推迟到第二年，可能会面临两个问题：一是茶饮竞争变化太快，到第二年如果出现新的情况导致竞争格局发生变化，桂桂茶换名可能面临更多的市场“噪声”，传播效果会大打折扣；二是桂桂茶2022年还将新开100 ~ 200家门店，如果第二年再换名，新增门店的门头、物料等无疑都将是一大笔成本。

从市场时机、竞争格局等多维度分析，桂桂茶坚持在2022年完成换名，虽然有困难，但势在必行。

品牌换名

于品牌而言，换名就是“换头”，可谓生死攸关，稍有不慎就会导致品牌一蹶不振。茶饮行业近两年就有一例，伏见桃山换名为“伏小桃”之后经营状况并未有大的起色，甚至还不如换名之前，因为它缺少一套系统的策略。

品牌换名不是换个招牌那么简单，换名的目的不仅是为了获得一个更好的新名字，同时还要将旧名字的品牌资产无缝嫁接在新名字上。要实现这个目的，需要一套系统的“打法”。我们给桂桂茶提出的策略是，通过“一分钱请全上海喝杯冻柠茶”这个活动制造关注，来完成换名的传播。两个活动叠加在一起，制造舆论话题，一举实现最大化地告知。

那么，桂桂茶的换名具体是怎么做的呢？

首先，换名也需要艺术化、戏剧化的表达，要能引起受众的关注，要传达有价值的信息。因此，我们专门为桂桂茶的换名创作了品牌故事。

桂桂茶品牌故事

“上海冻柠茶排行榜第一名”的
“桂源铺”改名“桂桂茶”

还是原来的老板
还是原来的口感

“一分钱请全上海喝杯冻柠茶”第三季来了
8月6日桂桂茶上海所有门店一起开喝

如果仅仅是“桂源铺”改名“桂桂茶”，顾客会说“跟我有什么关系呢？”有了“上海冻柠茶排行榜第一名”就不同了，第一名的冻柠茶我得去品尝一下。改名还会引发顾客的另一个顾虑：改名是不是换了老板？味道还跟以前一样吗？我们接着告诉顾客“还是原来的老板，还是原来的口感”，放心喝，什么都没变。听到此处，顾客有种熟悉的感觉，仿佛又回到“加多宝”换名的情境中了。紧接着“一分钱请全上海喝杯冻柠茶”又来了，我得去“薅羊毛”。整个品牌故事环环相扣，给顾客带来有价值的信息，顾客才会关注。

确定了通过上述品牌故事传达换名信息之后，还需要线上、线下全方位地发布换名活动。我们建议：第一，在冻柠节活动的前一周全部门店招牌要更换为“桂桂茶”，如果做不到一夜之间换完，也要力争一周内换完。第二，所有门店都要输出换名的品牌故事，并且要把换名信息保留到春节。因为顾客接收换名的过程是非常缓慢的，要有充足的时间让顾客知道“桂源铺”换名为“桂桂茶”了。桂桂茶换名之后，在大众点评、小红书等平台引发了很多讨论。刚开始有一些网友说桂桂茶“好土”，然后我们开玩笑地说：“是的，桂桂茶确实很土，‘桂桂’两个字四个‘土’。”实际上，桂桂茶换名比想象中要容易一些，很多顾客很快就开始称之为“桂桂茶”了。桂桂茶的门店营业收入并没有因为换名而受到影响，很多门店反倒有了稳步提升。

定位升级

早在2019年，我们通过研究就为桂桂茶提出“清爽型茶饮”的战略方向，我们认为“清爽型”会成为茶饮的一大主流发展方向。后来的事实证明，我们的预判是正确的。最近三年茶饮行业都在突出“清爽”的概念，喜茶、奈雪的茶推出多款清爽型产品，甚至主打杨枝甘露的品牌都推出了清爽版的杨枝甘露产品。原本与“清爽”概念并没有强关联的书亦烧仙草，重新定位后也打出了“仙草植物基，清爽低负担”的概念。“清爽”概念在茶饮行业有了泛化的迹象，作为这一概念的发起者和推动者，桂桂茶必须及时地占据并强化自身“清爽型茶饮”的定位，否则将会面临被其他品牌替代的风险。基于这种情形，我们认为桂桂茶应该及时实施定位升级，并通过换名活动将定位升级发布出去。

我们建议：第一，要在品类上明确桂桂茶是“清爽型茶饮”，将茶饮品牌一分为二，桂桂茶是“清爽型”的茶饮，其他品牌是“非清爽型”的。第二，还要明确桂桂茶是“清爽型茶饮”的发起者和推动者这一重要信息，于是就有了桂桂茶新的定位“清爽型茶饮倡领者”。第三，还要持续强化“清爽型茶饮”的品类价值“清爽、解渴，不甜腻”。

作为“清爽型茶饮倡领者”的桂桂茶，应该为品类定位，传达并推广品类定位、品类价值。为此，我们为桂桂茶创作了“清爽主义宣言”。附“桂桂茶清爽主义宣言”全文。

桂桂茶清爽主义宣言

茶饮就是茶饮
不是甜品
也不是“八宝粥”

茶饮就要清清爽爽
不要太过甜甜腻腻

桂桂茶主打清爽型茶饮
都是清爽的水果
都是现萃的茶底

让茶饮回归茶饮
既要有水果的清爽
也要有茶叶的清香

少一点甜腻
少一点热量
多一点清爽
多一点健康

桂桂茶
清爽型茶饮倡领者
让茶饮回归茶饮

品牌战略不应该仅仅停留在概念的传播上，有环环相扣的战略配称加持的概念才有力量。所以，桂桂茶未来的产品创新、研发、出品，以及营销活动都将紧紧围绕“清爽”这个核心定位展开，那些甜腻的、高热量的产品，会逐步被弱化、舍弃。

桂桂茶改名之后就步入了新的战略阶段，当它走出上海、走向全国的时候，市场的竞争格局将有怎样的变化？将面临哪些新的挑战？桂桂茶如何应对？这些尚未发生的，我们无法给出具体的答案；但是变化是永恒的，未来充满了不确定性，这是任何品牌都改变不了的。品牌能做的就是，做强自己的“定位”，在市场竞争的惊涛骇浪中破浪前行。

第25章　甘肃滨河集团：区域白酒如何定位

自2012年一些相关政策出台后，很多行业都进入调整期。餐饮行业的高端餐饮受到很大冲击，迅速萎缩，大众消费餐饮蓬勃发展。除了餐饮业，整个白酒行业也进入调整期。在调整初期，市场一度呈现出价量齐跌的态势，2015年前后市场趋向回暖。在调整过程中白酒行业两极分化现象凸显，行业的资本化和品牌化加速。白酒消费升级趋势显现出来，中高端白酒愈加显示出其主导地位，高端白酒品牌价量齐增。行业兼并重组速度加剧，小酒厂被兼并，省市级白酒品牌竞争压力加大。2016年，甘肃滨河集团正是在此形势下找到了我们，开启了战略定位之路。

战略课题：全国名酒下沉压制，区域白酒如何定位

2015年，以“茅五剑”为代表的全国名酒纷纷发力布局，进入更多的市场和渠道，白酒行业竞争加剧，区域白酒品牌的生存空间受到挤压。全国名酒和区域白酒的竞争是一种“降维打击”，因为全国名酒在潜在顾客心智中有广泛的认知，品牌势能更强。同一价位段，全国名酒即便价格略高，顾客也倾向于选择它们。全国名酒在选择渠道方面也有更大的主导权，它们可以优先选择更好的经销商和终端，也可以在终端占据更好的陈列位置。在广告投放、品牌建设上，它们更有实力和资源。作为甘肃省的区域白酒企业，滨河集团一方面面临来自名酒的竞争压力，另一方面还需应对甘肃本土的竞争对手：上市酒企金徽酒以及红川酒、

武酒、汉武御等几家与滨河集团规模相当的酒企。滨河集团竞争压力与日俱增，市场份额不断萎缩，业绩不断下滑。

滨河集团成立于1984年，主要立足于甘肃市场，曾一度是甘肃规模数一数二的酒企，随着竞争加剧，逐渐被竞争对手超越。在梳理战略以前，滨河集团和很多企业一样，在面临竞争的时候靠的是推出更多的产品，希望以更多的产品满足更多的需求而赢得竞争。在新产品推出初期，可以靠渠道铺货和激励政策获得短期销量，但增长难以保持。滨河集团为了保持销售业绩，只能继续推出新产品。虽然滨河集团的产品总数量曾一度多达约40款，产品成堆，却没有一款具有强大的竞争力。长此以往，产品越来越多，利润却越来越薄，甚至很多产品是亏损的。

在此情况下，滨河集团也请了白酒策划公司，白酒策划公司的办法仍然是通过策划包装，推出一系列新产品，号称要打造“全省大单品”，并且制定了花样繁多的促销政策和活动，多渠道大肆铺货。与以前滨河集团自己推出新产品一样，策划公司策划包装的系列新产品同样获得了短期销量的增长，但整体成本大幅增加，整个系列新产品陷入亏损泥潭，全靠集团其他产品的利润来支撑。白酒策划公司的打法仍然没有真正解决滨河集团的战略问题，反倒是埋下了战略隐患，更多的产品模糊了集团各个产品的品牌认知，集团战略方向更加不清晰，员工迷茫，士气低落。

上有全国名酒和上市酒企金徽酒压制，中有红川酒强势直面竞争，下有武酒、汉武御追赶，滨河集团如何应对？未来的战略之路在何方？

战略重整：“单焦点、多品牌”企业战略

虽然竞争形势对滨河集团不利，但是通过全面调研我们发现，滨河

集团具有一些差异化优势，可以成为战略突破口。

滨河集团发明了“九粮九轮酿造工艺”，具有独家专利权，开创了“九粮香型白酒”品类，这在甘肃酒企中是唯一的。正因如此，滨河集团率先成为获得“甘肃省政府质量奖”的白酒企业，在当时是唯一的一家。

当时滨河集团的主要产品有滨河九粮液品牌系列、九粮春系列、九酿滨河品牌系列、陇派系列等，约有40款产品。其中，滨河九粮液在全省具有较高的品牌认知度，在很多甘肃顾客心中是“本地高端白酒的代表品牌”。陇派品牌在甘肃张掖市场畅销多年，占据当地中低档白酒市场的最高份额。

经研究分析，我们认为“九粮香型白酒”的开创者身份和滨河九粮液多年积淀的品牌资产是滨河集团独有的差异化优势。因此，我们建议滨河集团以“九粮香型白酒”为焦点，实施“单焦点、多品牌”的企业战略。滨河集团的“九粮九轮酿造工艺”相当于苹果公司的软件系统，围绕这一酿造工艺，聚焦开发“九粮香型白酒”。

滨河集团必须实施企业战略聚焦，挺进甘肃本土酒企“二元阵营”，才有机会赢得更大的发展空间。2016年，我们预判甘肃排名靠后的几家白酒，如果没有进行有效的战略调整，将会逐渐消失。2021年，它们虽然还存在，但销售额逐年下滑，市场逐年萎缩，已经处于岌岌可危的境地。

企业战略聚焦

企业战略聚焦并不意味着要“砍砍砍”，最终只留下一个品牌。如果“用力过猛”，极可能导致企业陷入更大的危机。战略聚焦也应根据企业的实际情况，有时候徐徐而进可能更为安全。

滨河集团的确存在产品过多、同时经营多个品牌、市场和渠道分散诸多问题。在当时的竞争情况下，如果战略调整的幅度过大，将会给工厂生产、经销商体系、销售终端体系、销售队伍等多个环节造成很大的冲击，这其中的风险是企业难以承受的。因此，我们建议滨河集团继续保留多品牌经营，逐步实施企业战略聚焦。

确立核心品牌

根据企业的实际情况，有时候多品牌经营需要确立一个核心品牌。在滨河集团的各个品牌中，滨河九粮液品牌最具竞争力，品牌积淀时间也最长，它的价位段也符合白酒消费升级的趋势。滨河九粮液的品牌名也很直观，能直接体现出“九粮香型白酒”品类。

我们建议将滨河九粮液确立为滨河集团的核心品牌，集团的资源向九粮液聚焦。如果九粮液品牌势能提升，就能顺势推动九粮春。九酿滨河品牌竞争力弱，需要逐渐收缩。陇派品牌应继续聚焦在张掖市场发展，进一步夯实市场基础，提升市场占有率。如此形成了滨河九粮液领衔、多品牌共存的“单焦点、多品牌”企业战略。

精简产品

滨河集团产品数量最多的时候约有40款。白酒行业普遍喜欢推出更多的产品，五粮液可能是产品最多的酒企。五粮液也意识到产品过多的问题，痛下决心精简产品。据媒体报道，从2017年至今，五粮液共砍掉189个品牌、2000多款产品。滨河集团的产品与之相比似乎并不算多，但企业规模越小就越应该聚焦。

滨河集团由于产品过多，而且多数产品销量不大，造成了企业经营效力低下。在工厂生产端，不能形成生产规模效应，增加了生产成本、库存成本、白酒各种包材成本等；在销售端，增加了销售推广费用、终端陈列费用、人力成本等；在市场端，增加了顾客选择难度，稀释了品牌认知。

我们建议滨河集团应大刀阔斧地精简产品，砍掉销量小、没有竞争力的产品。滨河九粮液系列砍掉20年产品，只保留九粮液53度、九粮液42度两款产品；九粮春只有两款产品，保留现状即可；九酿滨河系列产品最多，只保留九酿滨河6年、9年、12年产品，算上高低度共6款产品；陇派系列同样只保留销量最大的那几款。之后，根据市场情况，滨河集团应进一步精简产品。

收缩市场

市场分散和产品众多像是一对“孪生兄弟”，它们都是企业战略聚焦的“敌人”。在梳理战略之前，滨河不但产品众多，而且市场和渠道分散，几乎进入了甘肃全省市场，但在大多数市场都没有领先优势。

甘肃地势狭长，习惯上以黄河为界分为河东、河西市场。我们建议滨河集团从三个层面聚焦市场：第一，整体上聚焦基础相对较好的河西市场，逐渐撤出河东市场；第二，在河西市场进一步聚焦，按照市场基础及销售情况，将河西市场分为三个聚焦层级，将资源聚焦于一级市场；第三，在市场分级的基础上进一步聚焦渠道，将资源倾斜于优质渠道、核心终端门店。比如，滨河九粮液只进入核心区域的高档终端店。

控价提价

白酒及一些消费品行业，价格体系管控至关重要。同一款产品如果不能形成统一的市场售价，低价产品将扰乱整个市场，售价正常的终端遭到冲击而被迫降价，最终无利可图只能放弃该产品。

滨河集团曾因价格管控不力，导致很多产品被迫退市。基于此，我们建议滨河集团精简产品、收缩市场，同时严格管控价格体系以及市场窜货的问题。除了管控价格体系，白酒行业适时提价也非常重要，因为白酒行业整体价格都在提升。提价才能保证产业链上各个环节都有利润，才能形成良性循环。几年间，滨河集团的几个品牌都先后数次提价，实现了良性经营。

品牌战略定位

滨河九粮液

白酒消费具有一定的地域性，很多消费者偏好本地品牌。因此，区域白酒的竞争往往是本土品牌之间在竞争。

滨河九粮液曾是甘肃本土高端白酒代表，后来遭遇诸多名酒及本土高端酒的竞争，却没有实施有效的防御，导致市场不断萎缩，品牌竞争力逐渐衰弱。甘肃本土品牌“锦绣陇南”趁势而起，抢占了很大一部分市场份额；但在很多消费者的认知中，滨河九粮液仍然是“甘肃最好的白酒”。战略定位的工作就是要调动、激活这股认知力量。

根据企业的实际情况，我们为滨河九粮液提出“甘肃高端白酒典范”的定位诉求，以激活顾客心智中滨河九粮液积淀的品牌认知。滨河九粮液第一阶段的战略就是成为甘肃高端白酒的代表，要让甘肃人招待四方宾朋必喝九粮液，外地人到了甘肃也想喝九粮液。

滨河年份酒

在梳理战略之前，滨河年份酒品牌名为“九酿滨河”，很多顾客反映这个名字很拗口，我们建议简化为“滨河”。“滨河”也是集团的名称，滨河集团核心的优势之一就是开创了“九粮香型白酒”。基于此，我们为滨河年份酒提出“滨河好酒，九粮酿造——比传统浓香型白酒多四种粮食”的定位诉求。从某种意义上来说，这一定位诉求传播了滨河集团的差异化“九粮香型白酒”，它与传统浓香型白酒直观的差异化在于“多四种粮食”。

滨河年份酒系列产品处于中低档价格带，而甘肃市场这个价格带的主导者是金徽酒的“星级”产品。滨河年份酒上市的时候，金徽星级产品已经是全省贯通的“大单品”，已经具有稳固的市场位置。滨河年份酒既没有避开金徽星级产品的价格带，也不具备差异化竞争优势，因此没有未来。然而，从工厂生产、经销商体系、市场终端、销售队伍等多方面考虑，滨河年份酒品牌也不能“一刀切”，只能先精简产品、收缩市场和渠道，然后根据情况逐步撤退。

陇派

陇派长期聚焦在张掖发展，是当地大众消费价位段最畅销的白酒。从企业战略角度来看，张掖是滨河集团的大本营市场，陇派就是大本营市场的“守护者”。如果陇派被竞争对手替代，那么滨河集团的大本营也将丢失。

随着竞争加剧，金徽等省内其他品牌不断向张掖市场渗透，陇派的几个县级市场都受到不同程度的冲击，如果不能进行有效的防御，将可能失去领先地位。为此，我们建议滨河集团必须严防死守，通过压倒性的投入防御外来进攻，张掖市场绝不可失。我们为陇派提出“张掖畅销白酒”的定位诉求，并以“连续12年销量领先”作为信任背书，之后在张掖市场全面输出。

关键战略配称

打造代表品项

对于打造代表品项的必要性，前文已有论述。由于竞争激烈，白酒行业投放的广告要比大多数行业多。投放的广告越多，单个广告的传播效率就越低，因此白酒更需要打造明确的代表品项，并在广告中清晰地传达。白酒行业的品牌代表品项又称“战略大单品”，是最为畅销的产品。53度飞天茅台、经典五粮液、五粮春等都是各自品牌的代表品项。

在战略梳理之前，滨河集团没有将某一款产品作为代表品项进行重点打造。我们建议滨河集团将三个品牌各自最畅销的产品作为代表品项，分别是53度滨河九粮液、53度滨河年份酒“9年”、53度五星陇派。事实上，被确立为品牌代表品项的产品销量都有显著提升。

升级品牌视觉形象

在品牌传播中，差异化的视觉形象可以更好地辅助品牌差异化概念进入顾客心智。品牌向顾客传达一致性的差异化概念和视觉形象，就形成了认知聚焦。

在梳理战略之前，滨河集团的各品牌没有统一的视觉形象。鉴于白酒行业竞争激烈，我们建议滨河集团采用更有视觉竞争力的“明黄色”作为品牌颜色，并以此为底色一致性地应用在广告、门店、产品手提袋等所有物料上。根据终端门店和顾客的反馈，品牌视觉升级后，滨河集团的品牌关注度明显提升。

聚焦品牌传播

在梳理战略之前，因产品众多、市场分散，滨河集团的资源投放无法聚焦到某一品牌的打造上。企业每年的费用率居高不下，但大部分费用都花在了渠道环节，而不是直接作用于拓展潜在顾客。品牌方如果不进行品牌建设，终端就只能靠降价促销来拓展潜在顾客。这样拓展的顾客都是冲着低价来的，一旦没促销，顾客就会流失。如此反复，品牌价值无法积淀，难以形成持久的竞争力。

滨河集团必须将经营的重心转移到品牌建设上，要在潜在顾客心智中建立竞争优势。我们建议滨河集团从聚焦品牌传播、打造“信任状”、品牌公关活动三个方面进行品牌打造。

聚焦品牌传播方面，我们建议滨河集团从三个层面进行聚焦：第一，传播资源聚焦于滨河九粮液品牌；第二，聚焦传播“滨河九粮液，甘肃高端白酒典范”这一定位诉求；第三，广告投放聚焦于机场、全省高铁站和电梯海报，电梯海报普及率不高的市场投放城市中心户外广告。

打造“信任状”

对于在甘肃市场经营了30多年的滨河集团而言，滨河九粮液品牌已经具有较高的品牌认知度，在机场、高铁站等高势能区域投放大量广告本身就可以成为一种“信任状”；但仅凭广告还不够，在我们的建议下，滨河集团陆续获得了多种“信任状”。

滨河集团因为独树一帜的“九粮九轮酿造工艺”和优良的白酒品质，率先获得了“甘肃省政府质量奖”。滨河集团是甘肃第一家获此奖项的白酒企业。该奖评奖过程非常严格，含金量很高。滨河集团获奖五年后，2020年金徽酒才获得该奖，而滨河集团再一次获得该奖项，成为甘肃唯一连续两届获得“甘肃省政府质量奖”的白酒企业。滨河集团还获得了“第105届巴拿马万国博览会金奖”“华樽杯中国十大地产白酒品牌”等多个奖项。

除了第三方权威机构奖项的“信任状”，我们还建议滨河集团布局专卖店，为品牌提供“信任状”。在城市核心商圈布局滨河九粮液专卖店，不但可以成为顾客参观体验的场所，还是一个市中心固定的广告位。为了提升品牌势能，后来滨河九粮液在北京的飞天大厦内布局了一家专卖店，因为很多甘肃人到北京都住在这里。布局这家专卖店的意义不在于能产生多少销量，而在于让甘肃人在北京还能看到家乡的品牌。

品牌公关活动

“九粮九轮酿造工艺”是滨河集团的核心竞争力之一，以此为核心，我们建议滨河集团打造“九粮白酒文化节”，以强化“九粮”的概念。滨河集团的酒厂也是其一大竞争力，单从占地面积来说，该酒厂在省内乃至中国西北都是最大的，酒厂还被评为4A级景区。滨河集团每年都组织大量顾客“回厂游”，赏美景、观酿酒、品美酒，顾客享受到一种“沉浸式的体验”，反响非常好。数届“九粮白酒文化节”也都是在酒厂举办的。滨河集团通过举办“九粮白酒文化节”、组织“回厂游”，创造了良好的口碑，提升了品牌势能。

滨河集团的经营思路转变为品牌经营之后，企业战略明确，团队也有了明确的努力方向，从而激发出巨大的创造力。比如，滨河集团内部团队策划的“滨河九粮春杯——拳王争霸赛和歌王争霸赛”，就获得了理想的效果。这个拳王争霸赛，不是拳击比赛，而是“划拳”比赛。该活动一经推出，反响十分热烈，顾客踊跃参与，推动了九粮春的热销。

战略定位成果

通过系统梳理战略，滨河集团明确了发展方向，通过五年时间坚定执行战略、深化战略，已取得显著的战略成果。

从经营业绩来看，滨河集团扭转了不断下滑的局面，实现了总体业绩的翻倍增长，利润增长率更是超过销售业绩增长率。

从战略形势来看，滨河集团摆脱了不断边缘化的竞争危机，进入持续增长态势，在多个市场获得领先优势。

从品牌层面来看，滨河九粮液的战略成果最为显著，集团大部分业绩和利润的增长都是由滨河九粮液贡献的，成为集团名副其实的核心品牌。在甘肃省会兰州市场，滨河九粮液销售业绩已经超越最大的竞争对手“锦绣陇南”，赢得了决定性的胜利。滨河九粮液品牌势能显著提升，夯实了“甘肃高端白酒典范”的定位，实现了品牌价值回归。

如同当初的判断，随着滨河九粮液的成长，九粮春的业绩同样获得显著增长，成为滨河集团的一匹“黑马”。

滨河年份酒有计划地实施战略，摆脱了亏损局面，降低了经营成本，实现稳步撤退。

陇派有效防御了竞争对手的进攻，在市场占有率原本就已经很高的张掖，仍连续几年持续增长，进一步强化了区域领先地位，加固了滨河集团大本营市场。

战略前瞻：蓄积实力，进军全国

滨河集团发明的“九粮九轮酿造工艺”，为中国白酒领域增添了一种新型工艺，它是在传统酿造工艺上的创新和突破。以滨河九粮液为代表的“九粮香型白酒”，为中国白酒行业贡献了一个新品类。“九粮香型白酒”为顾客提供了不同的饮酒体验，提供了与众不同的价值。滨河集团的使命就是让“九粮香型白酒”跻身市场主流，成为更多潜在顾客的选择。在企业使命的牵引下，滨河集团的战略就是持续提升在省内的竞争地位，之后走出甘肃，进军全国。

第26章 西贝莜面村：浅谈西贝的成功与战略之误

西贝的战略在定位圈、营销界和餐饮业一直饱受争议，能得到如此关注的企业并不多，这也是一种成功。很多人认为，西贝幸亏放弃了特劳特公司给的“西北菜”定位和里斯公司给的“烹羊专家”定位，之后才凭借“好吃战略”“I LOVE 莜”“亲子场景”一步步成功。我们长期服务于餐饮业，一直关注着西贝的战略发展，在此谈谈我们对西贝战略的看法，为餐饮人贡献一些不同的视角。

西贝的成功

西贝无疑是中国最成功的餐饮企业之一，它一直被当作中国餐饮业的典范。仰慕和学习成功者是人的天性，但学习的关键在于学到正确的东西。所以，我们需要正确认知西贝成功背后的关键因素有哪些，而西贝也需要正确理解自己的成功。这一点至关重要，否则从西贝学到的东西用于你的企业就是无效的，西贝自身也极容易走进战略歧途。

西贝有多么成功？全国门店接近400家，年营业收入达到50多亿元，中国正餐第一名，等等，这些都是有目共睹的。那么，西贝成功背后的关键因素有哪些？我们能看到的有五个方面。

关键因素一：西贝的成功是极致“战略聚焦”的成功

西贝早期的发展模式和很多传统中餐一样，都是店面很大，菜单很厚。这样的模式非常“重”，企业跑都跑不快，就算站在风口上也飞不起来。西贝正是在极致聚焦以及做轻模式之后才通向了发展的“高速路”。

聚焦之一，西贝砍掉了大部分菜品，聚焦于30多道菜品。菜品少了才能聚焦资源做精，才能打造优质供应链，才能保证菜品品质和标准化，才敢说“闭着眼睛点，道道都好吃”。通过聚焦菜品，西贝率先解决了产品标准化的问题。在那个阶段，产品标准化是大部分餐饮企业没有越过的“高峰”，产品标准化就是强大的竞争力。西贝解决了标准化，才脱颖而出。西贝率先实现“不添加鸡精、味精、香精、色素”，在餐饮业独树一帜，这又是一个强大的竞争力。

聚焦之二，西贝做轻模式并聚焦“购物中心+小店”这一种模式发展。西贝砍掉了大店，之后打造小店模型，并且只在购物中心开店，由此实现快速复制。购物中心和小店这两个条件，极大地降低了门店管理难度，也降低了选址难度和风险。购物中心与小店是两个相辅相成的核心要素，让西贝的经营效益得以提升并更具确定性。

聚焦之三，聚焦品类经营。虽然西贝放弃传播特劳特公司提供的“草原的牛羊肉，乡野的五谷杂粮”，但在经营层面仍是以此为焦点的。西贝推出的黄馍馍、空心面、牛羊肉等产品都在此战略半径之内。这是正确的战略。

关键因素二：西贝的成功是抓住“战略时机”的成功

从2012年开始，中国购物中心开始进入“大跃进”式的高速发展阶段，从当初的填补市场空白到如今的供应过剩，购物中心进入“理性”发展期。西贝抓住了中国购物中心发展的黄金时期，跟随购物中心布局门店，快速走上连锁化、品牌化道路，迅速崛起。“成也萧何，败也萧何”，购物中心供应过剩，西贝也陷入发展“瓶颈”。

关键因素三：西贝的成功是压倒性“资源投入”的成功

西贝在资源投入方面非常有魄力，值得称道。在品牌传播方面，西贝门店所在的绝大多数商场都有大量广告投入。不仅如此，西贝在电梯广告等媒体也保持长期投入。在产品打造方面，西贝往往为了推出一道菜而打造一个产业链，投入都是千万级甚至更多。在组织建设方面，西贝投入重金建立企业商学院，聘请“外脑”辅导员工，提升员工素质，助其成长。西贝在给员工“分钱”方面也十分慷慨，值得管理者学习。在战略资源方面，西贝长期聘请多家外部顾问，涉及战略、管理、营销、组织建设等多方面。西贝的资源投入可能不止以上几个方面，餐饮圈常说“海底捞你学不会，西贝你学不起”，由此可见一斑。

关键因素四：西贝的成功是“强大组织”的成功

没有任何组织生来强大，组织强大的原动力来自企业家的经营哲学和管理驱动。西贝正因为敢于进行压倒性投入，才锻造了强大的组织能力，让其经营效率超越大多数餐饮企业。组织能力也是一项强大的竞争力，意味着企业“正确做事”的能力和抵御风险的能力更强大。西贝全国数百家门店，还能保持高频研发和推出新产品，没有强大的组织能力是难以完成的。西贝几年间连续推出“麦香村”“超级肉夹馍”“弓长张”等多个创业项目，如果没有强大的组织同样做不到。

关键因素五：西贝的成功是“企业文化”的成功

西贝的企业文化也为人津津乐道，比如“一个字：成就‘人’”“一句话：‘不争第一，我们做什么’”等，都是被餐饮同行和顾客广泛认可的。透过文字，我们看到西贝的企业文化中涉及战略、经营、顾客、员工等多个方面，形成了自洽的逻辑闭环。好的企业文化能充分调动企业内部和外部资源并协同使用这些资源，从而提升企业经营效力。比如，员工认可企业文化，就能激发创造热情；外部认可企业文化，就能对企业产生更大信赖。

企业文化需要正确战略的指引，否则难以做到“知行合一”。西贝的企业文化中有“三个坚持”，其中一句是“坚持做正确的事”。这句话本身没有问题，但什么才是“正确的事”？必须要有明确的评判标准，否则就是一句空话。我们认为，符合企业战略的事才是正确的事，必须以企业战略为评判标准。西贝很成功，企业文化也没有问题，但成功并不意味着没有战略失误。从战略角度来看，西贝在评判“什么是正确的事”方面出现了问题，导致西贝经常在用“正确的方法做错误的事”，这就是西贝的战略之误。

西贝战略之误一：做窄品类，失去大机会

战略就是要把握最大机会，有时候品类名的选择就是战略的选择。西贝放弃了“西北菜”，回到最初的“莜面村”，虽然西贝的品类经营仍是西北菜，但实际上是做窄了品类。

品类名就是告诉顾客“你是什么”，品类传播的最佳窗口期是在品牌的高速发展阶段。然而，西贝把品类确定为“莜面村”，而且不再大力传播“草原的牛羊肉，乡野的五谷杂粮”，这就使得西贝的传播资源不能有效地聚焦于西北菜品类的推广，使西北菜的品类边界难以扩展，品类价值也不能最大限度地彰显。

西北菜品类的背后是大西北的环境、物产、文化等资源优势，西贝低估了西北菜的发展潜力，失去了做大西北菜的机会。西北菜的纵深完全可以容纳多个品牌，西贝完全有可能通过聚焦西北菜品类实施“多品牌主导一个品类”的企业战略，让企业资源使用效力最大化。

由此可见，低估西北菜品类的潜力是导致西贝其他战略之误的根本原因。

西贝战略之误二：用传播替代战略

莜面本身是一种小众的品类，而且莜面的口感很多人并不喜欢，因此推动莜面品类的成长需要漫长的时间和大量的资源，即便如此也不一定能让品类成长到很大规模。品类小众只是莜面的问题之一，更大的问题在于西贝莜面村的“莜”字是一个生僻字，经常被读错。如果是一个没有传播障碍的品类名，即便它是个小品类，也可以作为品牌的差异化和建立品牌认知的“钩子”。

这个生僻字给西贝的传播制造了很大障碍，浪费了传播资源。西贝的解决办法是花费高价设计出“I LOVE 莜”，然后投放大量资源进行传播。正确的做法当然是先思考要不要换个名字，或者更深度地思考一下是不是品类选择错了。

西贝战略之误三：战略行动和品牌传播“两层皮”

“I LOVE 莜”的设计在很大程度上解决了“莜面村”的传播问题，但莜面本身并不是顾客选择西贝的最大理由。否则，西贝就不需要频繁地切换传播内容来拓展潜在顾客了。对西贝有所关注的读者会发现，西贝先后传播过“主食吃莜面，贾国龙推荐”“一牛九吃，过足肉瘾”“家有宝贝，就吃西贝”以及牛大骨、羊肉串等产品，传播内容非常多。如果传播无法聚焦在单一产品上，就无法形成认知聚焦。

如果西贝的品类名是“西北菜”，并在顾客心智中建立了西北菜是“草原的牛羊肉，乡野的五谷杂粮”的认知，那么西贝在西北菜品类内推出新产品的战略行动，以及对新产品的传播都可以“装进西北菜的篮子里”，实现战略行动和品牌传播的一致性。

对西贝的建议：回归本位

西贝很会“折腾”，先后推出了西贝燕麦面、西贝麦香村、西贝超级肉夹馍、西贝酸奶、弓长张、贾国龙功夫菜等项目。我们也非常认可西贝的创业精神，这是企业危机意识的体现。企业的确需要发现新品类机会，然后通过品牌把握新机会。

我们认为，西贝频繁推出新项目，又迅速偃旗息鼓，是西贝战略焦虑的产物，也是“三大战略之误”的后遗症。西贝的新项目“来也匆匆，去也匆匆”，不是因为这些项目本身有问题，而是西贝团队对新项目的战略认知不清晰，不能笃定地推进下去。

如果西贝聚焦西北菜品类，对西北菜有坚定的信心，就可以笃定地实施多品牌战略，像打造“西贝莜面村”品牌一样，保持战略耐心，保持战略定力，充足地投放资源，那么一定有机会打造出第二个、第三个西贝。因此，我们对西贝的战略建议就是“回归本位”。

虽然有一些战略失误，但瑕不掩瑜，西贝仍然是值得尊敬和学习的企业。如果我们的观点能对西贝有所启发，深感欣慰。

后记

在当今激烈的竞争环境中，品牌成功需要的条件越来越多，但导致品牌失败的原因只需要一个。定位本身并不是品牌成功的充分条件，而是一个必要条件。正确定位，虽然不能保证品牌必然成功，但是可以提高成功的概率。

中国餐饮业体量巨大，而且仍处于高速发展之中，可以想见未来餐饮竞争必然愈演愈烈。竞争的终局，没有区域品牌，只有来自全球各地的世界品牌。市场没有国界，全球化进一步演化，越来越多的品牌进入中国，也会有越来越多的中国品牌走出国门。

大多数后进品牌必然在全国连锁巨头乃至世界餐饮“巨无霸”的夹缝中求生存，如何制胜？最好的方法就是找到自己的定位，快速成长，成为巨头中的一员。餐饮巨头之间也不能完全做到“和平共处”，它们之间的竞争可能更激烈。不仅如此，餐饮巨头也会成为进攻者明确的进攻目标。如此看来，所有品牌都将身处四战之地，难以独善其身，唯有不断发起大决战，才能持续保持优势位置，使潜在对手无隙可乘。

时不我待，餐饮大决战的号角在呼唤！发起餐饮大决战，提升餐饮生产力！

刘凯歌　宋　凯

2022年8月

餐饮大决战精要总结

把握时机，用足兵力

取个好名，成为第一